Horst-Werner Neth

Das Wort und die Wörter

Horst-Werner Neth

Das Wort und die Wörter

Christliche Sprechversuche

Fromm Verlag

Impressum/Imprint (nur für Deutschland/ only for Germany)
Bibliografische Information der Deutschen Nationalbibliothek: Die Deutsche Nationalbibliothek verzeichnet diese Publikation in der Deutschen Nationalbibliografie; detaillierte bibliografische Daten sind im Internet über http://dnb.d-nb.de abrufbar.

Contact:
International Book Market Service Ltd., 17 Rue Meldrum, Beau Bassin, 1713-01 Mauritius
Website: www.bookmarketservice.com
Email: info@bookmarketservice.com

Gedruckt in: USA, UK, Deutschland. Dieses Buch wurde nicht in Mauritius produziert.

Imprint (only for USA, GB)
Bibliographic information published by the Deutsche Nationalbibliothek: The Deutsche Nationalbibliothek lists this publication in the Deutsche Nationalbibliografie; detailed bibliographic data are available in the Internet at http://dnb.d-nb.de.

Contact:
International Book Market Service Ltd., 17 Rue Meldrum, Beau Bassin, 1713-01 Mauritius
Website: www.bookmarketservice.com
Email: info@bookmarketservice.com

Printed in: U.S.A., U.K., Germany. This book was not produced in Mauritius.

ISBN: 978-3-8416-0185-8

Inhalt

III. Gepredigt zu allen Zeiten und an allen Orten

Vorwort

„Ein Wort, geredet zur rechten Zeit, ist wie goldene Äpfel auf silbernen Schalen“(Sprüche 25, 11).

Täglich sind wir von Worten umgeben. Wir reden selbst. Mit der Gottebenbildlichkeit ist uns das Sprachvermögen verliehen. Wir kennen Vielstimmigkeit, Spracharmut und Verstummen. Ich bin in meinem Pfarrdienst stets dankbar gewesen, auf Gottes Worte zurückgreifen und es aufgreifen zu können. Es ist ein Segen, gute Worte nicht erfinden zu müssen, sondern vorzufinden. Eine Weile in ihnen zu wohnen, um dann hinaus zu treten und Menschen diese Worte zum Schutz und zum Trost, zur Ermutigung und zur Befreiung, zur Orientierung und Weisung hinzuhalten.

Gottes Wort braucht seine Zeit und hat seine Zeit. Es ist im guten Sinne schon immer so, der Sonntag ist rechte Zeit für das Wort. Wir kennen betonte Zeiten und zählen seit alters her die kirchlichen Feste dazu. Es gibt Zeiten inmitten des Alltages und besondere Anlässe, die gedeutet sein wollen. Worte zur rechten Zeit sind wertvoll und kostbar. Der Vergleich mit den goldenen Äpfeln hält das fest. Die Wertschätzung des Wortes ist auch Martin Luthers „sola scriptura – allein die Schrift“ zu entnehmen. Bei aller dogmatischen Gewichtung enthält diese Aussage auch die Wertschätzung des Wortes. Goldene Äpfel machen reich. Das ist und bleibt ein Ziel des Umgangs mit Gottes Wort, reden um reicher zu machen. Weil allerdings goldene Äpfel nicht gegessen werden können, liegt mir an der Ergänzung, Worte sind wie Nahrungsmittel. Es sind Versuche, die ich vorlege. Versuche, weil dieses Wort nicht ausgeschöpft werden kann. Zum Wort der Wörter gehört die Unausschöpflichkeit.

I. Angedachtes

1. Am Morgen - „Morgenstund hat Gold im Mund“

„Morgenstund hat Gold im Mund“. Irgendwie passt das besonders gut in die Sommerzeit. Jedenfalls steht es sich da etwas leichter auf als in den dunklen Tagen des Jahres. *Der Morgen redet.* Wie ein leiser Weckruf dringt er durch Fensterläden. Die ersten wärmenden Sonnenstrahlen machen gut gelaunt. Das Vogelgezwitscher klingt unbekümmert und lebensfroh. – *Der Morgen hat seinen Wert.* Die nächtlichen Träume können beiseite gelegt werden. Mit ihm kehren die Farben zurück, die nachtgraue Welt wird wieder bunt. Mögliche dunkle und unruhige Gedanken werden gelichtet. Bei Lichte besehen wird vieles weicher und klarer.

Die Morgenstunde ist eine ganz eigene Zeit. Wer sich ihr etwas widmet, kann darin Gott vernehmen. Gott redet nicht ausschließlich mit Worten. Im Licht des Morgens und der Morgenstunde spricht Gott. In vielen unserer Gesangbuchchoräle wird das aufgegriffen. Etwa: *„Morgenlicht leuchtet, rein wir am Anfang“.* Jeder Morgen ist ein Abbild des einen großen Schöpfungsmorgens als das Licht ins Leben gerufen wurde. Mit jedem Morgen liegt der Tag noch rein, neu und ungelebt vor einem, obwohl dieses oder jenes bereits darin eingeschrieben und terminiert ist. Der Morgen weiß vom Gott des Anfangs und von seinen Anfängen. Auferstehung ist ein weiterer Anfang. Im Morgen, wenn alles Nächtliche schwindet, bildet sie sich ab. *„Frühmorgens, da die Sonn aufgeht, mein Heiland Christus aufersteht“.* Der Morgen wird entgegengenommen wie das Leben selbst. Er setzt sich unaufhaltsam durch und lässt weit voraussehen. Im Morgen ist bereits der stille Glanz des Ewigen eingeschrieben. *„Morgenglanz der Ewigkeit, Licht vom unerschöpften Lichte“.* Im Licht des Morgens kann mehr gesehen werden. Es erzählt stets und ständig von Gott in der Zeit, von Erleuchtungen und Erkenntnissen, letztlich sogar von Ewigkeit. Die Nachtenge weitet sich. Alle Zeitlichkeit hat ein Ziel.

„Morgenstund hat Gold im Mund“. Sie redet und enthält Wertvolles in sich. In ihr steckt Anregendes und Anmutiges. Auch das stimmt durchaus, die erste Stunde am Morgen entscheidet oft über den ganzen Tag. Wer da und dort aufgeschreckt und verhetzt in den Tag gegangen ist, weiß, dass das den ganzen Tag überschatten kann. Es hängt viel davon ab, wie der Tag begonnen wird. Wie die erste Stunde gestaltet ist, bevor das Haus verlassen wird.

Jeden Morgen wird es hell, selbst wenn der Himmel verhangen ist. Jeder Morgen, an dem wir aufstehen, ist wie ein aufmunterndes Zulächeln Gottes als wollte er sich uns in Erinnerung rufen. Als wollte er uns über das Licht, über den Sonnenschein zu einem guten Gedanken verhelfen. Als wollte er uns etwas von seiner Helle ins Herz geben, damit uns der Tag glückt. Es stimmt, was ich in einem Choral Jochen Kleppers finde: *„Schon an der Dämmrung Pforte ist er mir nah und spricht"*. Die Morgenstunde beschenkt uns mit weitreichenden Möglichkeiten. Im Lichte des Morgens kommt Gott auf uns zu. Ich wünsche Ihnen viele herrliche, goldene Morgenstunden voller Lichtfülle und Lichtglanz.

2. Im Mai - „Alles neu, macht der Mai"

„Alles neu macht der Mai". Das stimmt. Was leise und zart begann, wird im Mai bestätigt. Mit aller Macht kleidet sich die Schöpfung neu ein. Farbsinfonien breiten sich aus. Blumen wetteifern miteinander. Bäume blühen um die Wette. Alles strotzt vor Lebendigkeit. Wohl kaum jemand kann die Augen davor verschließen oder sich dem gar völlig entziehen. Es berührt, erfreut Herzen und kriecht wohltuend in Seelen. Es ist schön, so viel Leben wahrzunehmen, regelrecht einzuatmen und in sich einzuholen.

„Alles neu macht der Mai". Dazu passt, dass die Christenheit im Mai Pfingsten feiert. ***„Und ich will euch ein neues Herz und einen neuen Geist in euch geben…"***, lässt Gott ausrichten (Ezechiel 36, 26). Der neue Geist ist da, erinnert Pfingsten. Er gleicht dem Wind, der verhalten oder heftig, antreibend und erfrischend aufsucht. Er ist wie die Schöpferkraft, die das Wunder der Farben hervorbringt. Er gleicht dem Licht, das einen erfasst und Lichtblicke hervorzaubert. Er bildet sich ab in der glühenden Leidenschaft, die einen nicht mehr los lässt. Vom neuen Geist wird in Geschichten erzählt, die einen begeistern. Sie verlocken dazu, ihm das Herz hinzuhalten, damit freudiges Herzklopfen wieder einkehrt. Damit zum Urbestand des Glaubens wird, es geht, es geht wirklich, dass Menschen sich verstehen.

„Alles neu macht der Mai." Irgendwo im eigenen Inneren wohnt der Gedanke, neu zu werden. Er ist von anderer Qualität als die ständigen Neuerungen und Innovationen, denen wir ausgesetzt sind. Er geht weiter als jene Versuche, von einem Neuen zum anderen zu eilen und nie anzukommen. Wir machen uns nicht selbst neu. Wir ertappen uns eher dabei, die

Alten zu bleiben, obwohl jener erwähnte, versteckte Gedanke in uns nicht verstummt. Mit Pfingsten wird dieser Gedanke genährt. Der Anstoß geht von Gott aus. Wir empfangen, was uns neu macht. Ein Hauch von Gott, der sich in Herzen einnistet. Denn Erneuerung beginnt in uns selbst. Wir sind dazu berufen, neu zu werden. Gottes Geist wird das schaffen, dass wir neue Gedanken denken, neuen Mut bekommen, neuen Glauben finden, neu unseren Platz in seiner Kirche entdecken. Gottes Geist ist schöpferisch, so dass wir neue Friedensfähigkeiten aufnehmen, neue Verstehenswege gehen, neu das Leben miteinander feiern. Gottes Geist bringt es fertig, dass wir neu umgehen lernen mit dem Leid, mit entstellter Schönheit im Antlitz von Menschen, darum auf neues, leben schaffendes Verhalten pochen. Gottes neuer Geist vergeht nicht wie der Monat Mai vergehen wird. Er bleibt und weht und atmet und spürt uns auf.

3. Kirchenbezirkssynode - „Es kann nicht immer Sommer sein"

Herbst. Das Wort ist voll herber Schönheit. Anregend und aufregend. Mild und gewaltig. Es löst Stimmungen aus. Dichter fangen sie ein und bewahren sie auf. Etwa Hermann Hesse (2.7.1877 – 9.8.1962)

Der Herbst streut weiße Nebel aus,
Es kann nicht immer Sommer sein!
Der Abend lockt mit Lampenschein
Mich aus der Kühle früh ins Haus.

Bald stehen Baum und Garten leer,
Dann glüht nur noch der Wilde Wein
Ums Haus, und bald verglüht auch der,
Es kann nicht immer Sommer sein.

Was mich zur Jugendzeit erfreut,
Es hat den alten frohen Schein
Nicht mehr und freut mich nimmer heut -
Es kann nicht immer Sommer sein.

O Liebe, wundersame Glut,
Die durch der Jahre Lust und Mühn
Mir immer hat gebrannt im Blut -
O Liebe, kannst auch du verglühn?[1]

Es kann nicht immer Sommer sein. Das stimmt. Der Verstand weiß das. Die Augen sehen es. Die Nase riecht es. Ein weiterer Sommer liegt zurück. Die jüngeren Jahre desgleichen. Das Erdige dominiert. Und mit ihm: ***„Von Erde bist du genommen..“*** (Gen. 3, 19).
Herbstliche Erdenschwere. Herbstliche Konzentration. Sie ist an kahl gewordenen Bäumen abzulesen. Jetzt sind sie ganz Wurzel, Stamm und Äste. Sehnsuchtsvoll nach Himmel ausgerichtet und ausgestreckt. Eine unverhüllte, fast schonungslose Offenheit, die ans Vergehen erinnert. Vergangener Sommer, vergangene Jahre, vergangene 6 Jahre synodaler Tätigkeit. Was bleibt jenseits der Erinnerungen an diesen Sommer, an die gewesenen Jahre, an die synodale Arbeit? Was bleibt und schütz und umfängt und birgt und heilt und hält?

In vielen Gottesdiensten wird am morgigen Sonntag zu hören sein: ***„Himmel und Erde werden vergehen;*** **meine** ***Worte aber werden nicht vergehen“*** (Mk. 13,31). Aus der apokalyptischen Weite fällt Tröstliches in den Strom des Vergehens. Bleibend greifbare Worte. In sie kann hineingegriffen werden. Sie haben den Atem des Ewigen in sich. Sie halten die Zeitlichkeit nicht auf. Doch sie werden darin zum Halt. Sein Wort gibt uns Bleibe. Wir können in seinen Worten wohnen, um darin jene Wahrheit zu finden: ***„Du hast Worte des ewigen Lebens“*** (Joh. 6,68). Es kommt noch immer darauf an, wie jemand vom Leben spricht. Seine Worte sprechen dem werdenden und vergehenden Leben eine unverlierbare Qualität zu. Das Schwache in uns und unter uns wird selig gesprochen. ***„Selig die geistlich arm sind; selig die Leid tragen; selig, die hungert und dürstet nach Gerechtigkeit“*** (Mt.5,3.4.6). Das Lebensnötige wird zugesprochen, die Vergebung der Schuld ebenso wie die Geschwisterlichkeit. Der Lebenshunger genauso wie das Sattwerden. Seine Worte halten am Leben fest, wo wir es mehr und mehr los lassen müssen; wo sich Sommer an Sommer und Jahr an Jahr reiht. Sie sagen an, dass das Leben zu seinem Ursprung zurückkehrt, zu Gott, um dort sein neues Werde zu empfangen.

---

[1] http://www.stud.uni-giessen.de/~s1925/Hermann-Hesse.htm (25.08.2011 14:25 Uhr)

Hier in unserer schlichten Dorfkirche, die mehrmals zerstört wurde, die ihrerseits gewaltsames Vergehen und beharrliches Werden erlebt hat, in ihr ragt unsere Orgel heraus. Sie gibt nicht allein ihre Klänge an die jeweilige Gemeinde weiter. Sie trägt an ihrem Gehäuse allen ein Bild zu. Ein stilles Bild im Gezappel der Bilder. Es ist das Bild des Weinstocks, der Weinreben. Es ist viel mehr als ein regionales Zugeständnis. Jesu Worte machen den Weinstock zum Bild für Bleibendes. ***„Ich bin der Weinstock, ihr seid die Reben. Wer in mir bleibt, der bringt viel Frucht“*** (Joh.15, 4). Es ist zu hören und zu sehen, was bleibend gilt in und durch alle Zeiten. Seine Verbundenheit mit uns. Unsere Verbundenheit mit ihm, die uns als Kirche bleiben lässt. Die uns fruchtbar macht. 6 Jahre Synode haben ihre Früchte.

Der Herbst und mit ihm diese letzten Tagen des Kirchenjahres haben ihre eigene Gestimmtheit. Hesse nimmt sie auf. Und wenn er fragt: „O Liebe, wirst auch du verglühn?“, so ist das bereits beantwortet. Er ist die Antwort. Die Liebe Gottes bleibt. Er hat sie auf Erden verankert. Bei so viel Liebe muss dem Sommer nicht nachgetrauert werden. Angesichts seiner Liebe müssen die zunehmenden Jahre nicht schrecken. Auf Grund seiner Liebe können 6 Synodaljahre behutsam abgelegt werden mitsamt dem Unerledigten, vor allem aber mit seine Früchten.

4. Herbst - „Von der Dankbarkeit“

Herbst. Das Jahr schlägt um. Die bunten Blätter der Weinstöcke und Laubbäume künden es an. In den Blättern versammeln sich die Farben eines Jahres. Der Herbst bündelt sie. Es ist als nähme das bisherige Jahr nochmals alle seine Kräfte zusammen, um sie vor uns auszubreiten. Auf die Wachstumsfreude des Frühjahres und die Leichtigkeit des Sommers folgt farbenprächtige Beschaulichkeit. Glühende, goldene Farbtöne nehmen zu als wollten sie sagen, in diesen Wochen wird das Jahr gekrönt. Das Meiste ist abgeerntet und heimgebracht, eingefügt in die Lebensmittelkette, an deren Ende Mehl und Brot, Obst und Gemüse und vieles, vieles mehr stehen.
Die Herbstfarben unterstreichen, jetzt wird dem Jahr die Krone aufgesetzt. Menschliche Arbeit auf Feldern, in Gärten und Weinbergen hat sich gelohnt. Einige der zwischenzeitlichen Sorgen sind verflogen. Andere bleiben. Unverfügbares gehört zu uns

allen. Und wer kann uns das trotz aller Farbigkeit besser vor Augen führen als der Herbst, wenn dann diese farbenfrohen Blätter doch fallen.

Der Herbst hat seine Sprache. Aus seiner Farbigkeit spricht als erstes still begeisternde Freude. Die Farben entlocken einem ein tief empfundenes *„Gott sei Dank"*. So geschieht es ja da und dort, dass uns ein *„Gott sei Dank"* erleichtert über die Lippen kommt. Meistens, wenn angespannt gewartet und unruhig auf die Uhr geschaut wurde. Wenn wir die Grenzen unserer Möglichkeiten vernahmen. Wenn Ängstlichkeiten über uns kamen. Jetzt laden uns die ruhigen Herbstfarben ein, *„Gott sei Dank"* zu sagen.

- Gott sei Dank, das Jahr hat weiter seinen Rhythmus.
- Gott sei Dank für die Kraft und die Schönheit der Erde.
- Gott sei Dank für die Arbeit von Landwirten, Weingärtnern und Gärtnern.
- Gott sei Dank für die Ernte dieses Jahres.

Diese Worte geben aller Wirklichkeit einen wunderbaren Glanz. Sie legen deren Ursprung frei. Wie von selbst stellt sich ein:

„Wohlauf, mein Herze, sing und spring und habe guten Mut! Dein Gott, der Ursprung aller Ding, ist selbst und bleibt dein Gut." (Aus: Ich singe dir mit Herz und Mund, EG.324).

„Gott sei Dank" sind Worte, die unser Herz beim Ursprung ankommen und darin einmünden lassen.

In den Herbstfarben wird etwas von Gott schaubar. An den vielfältigen Früchten ist abzulesen, Gott meint es gut mit uns. Es kann nicht sein, dass dieses Gute nur einem Teil der Menschen dieser Welt zur Verfügung steht. Gott, dem Ursprung aller Dinge, entspringt auch die Weisheit des Gebens und Teilens. Dankbarkeit motiviert zu einer Kultur der Freigebigkeit.

Herbstliches Farbspiel umgibt uns. Der Volksmund redet vom goldenen Herbst. *„Gott sei Dank"* sind goldene Worte. Die Farben des Herbstes verblassen. Gott bleibt beständig. Der Ursprung aller Dinge versiegt nicht, *„Gott sei Dank"*.

5. Altenkreis - „Wider das Vergessen"

Eine Erzieherin erzählte von dem kleinen Mädchen. Es kam wie jeden Morgen in den Kindergarten. Plötzlich, völlig unvermittelt fing es zu weinen an. Es stand einfach da und weinte bitterlich. Ihr war nichts Außergewöhnliches aufgefallen. Weder war ein Streit noch ein Sturz oder sonst etwas vorgefallen. Sie nahm das Kind auf ihren Schoß, versuchte es zu beruhigen und fragte nach dem Grund der Tränen. Immer noch schluchzend meinte das Kind: „Ich habe vergessen wie meine Mutti aussieht".

Vergessen kann weh tun und furchtbar traurig machen. Vergessen kann einem peinlich sein, wenn einem etwa ein Name nicht einfällt. - Vergessen kann unruhig machen, weil ich nicht mehr sicher bin, ob ich die Haustüre zugemacht habe oder nicht. – Vergessen kann wütend machen, weil der vereinbarte Termin nicht eingehalten wurde. Vergesslichkeit kann erschrecken, oh je, was geht bloß in mir vor. Das vergesse ich dir nie, kann jemand gerührt sagen, jedoch auch heftig, weil es gerade unangenehm, gegensätzlich, kontrovers zugegangen ist.

Vergessen gehört zum Leben. Ich kann wirklich nicht alles behalten. Manches würde ich auch ganz gerne vergessen. Aber das geht nicht, es kommt immer wieder in einem hoch, stößt auf und beschwert.

Der Wochenspruch für diese Woche aus Ps. 103, 2 teilt mit: ***„Lobe den Herrn, meine Seele, und vergiss nicht, was er dir Gutes getan hat."***

Wir sind bestrebt, möglichst wenig zu vergessen. Doch wenn dann am Abend der Tag nochmals an einem vorbeizieht, wie viel Lob ist dabei? Wir Menschen können sehr wohl vergessen, zu loben. Vor Jahren gab es einen Aufkleber, der hie und da an einem Auto angebracht war. „Haben sie ihr Kind heute schon gelobt?" Wir können vergessen, Gott für das Gute zu loben. Dann wird alles karger, grauer, eintöniger. Wer sein Leben und den Tag durchschaut, wird einiges entdecken, wofür Gott gelobt werden kann. Bei unseren alten Menschen höre ich öfters: „Wenn ich am Morgen das Bett verlassen kann, bedanke ich mich bei unserem Herrgott." Das also ist etwas Gutes, das tut gut. Es tut in der Seele gut. Das Leben ist natürlich nicht nur gut. Es ist aber auch nicht nur schlecht. Wenn wir das Gute vergessen, nehmen wir uns selbst etwas vom Leben, von seiner Schönheit, von seiner Vielfalt, von seinem Glück, das uns gegeben ist in der Luft, die wir atmen, in den Blättern, die sich langsam herbstlich einfärben, in den vielen, vielen Kleinigkeiten, die wir wirklich so leicht vergessen. Gutes ist da. Ich muss es gar nicht selbst machen. Es ist mir gegeben in Menschen, gut, dass du da bist. Es begegnet in der Schöpfung, wie gut der warme Sonnenschein tut. Wie gut die Ernte geworden ist, die Trauben an den Stöcken. Wie gut hat das Gespräch mit dir getan. Wie gut dein Lachen tut.

Übrigens, jene Erzieherin hat damals das immer noch schluchzende Kind bei der Hand genommen und ist mit ihm nach Hause gegangen. Als es die Mutter sah, versiegten die Tränen ganz. Beruhigt und zufrieden ging es danach im Kindergarten weiter. Das Gute kann gesehen und erspürt werden. Wie viel es doch ausmacht, wie sehr es doch verändert, wenn Gutes nicht vergessen, sondern angesehen, wahrgenommen, wenn dafür gedankt und gelobt wird. Das Leben gewinnt dadurch an Freude und an Fröhlichkeit. Und das können wir ernsten Menschen sehr gut gebrauchen.

6. Licht - „Kinder des Lichts“

Wochenspruch: ***„Lebt als Kinder des Lichts; die Frucht des Lichts ist lauter Güte und Gerechtigkeit und Wahrheit“*** (Eph. 5, 8.9)

Die Schildbürgerstreiche sind sprichwörtlich geworden. Unter anderem wird von ihnen erzählt, wie sie ihr Rathaus bauten. Als es fertig war, zogen sie ein, um sich darin zu beraten. In dem Rathaus war es überraschend finster. Statt Rat wurden sie ratlos. Sie hatten die Fenster vergessen. Sie versuchten, das Tageslicht in Säcke zu füllen und ins Rathaus zu tragen. Das freilich misslang.
Es ist Sommer. Wir erleben viel Sonnenlicht. Die Tage sind warm und lang. Wir bemerken, wie das Licht die Farben leuchten heißt, goldgelbe Getreidefelder, rote Tomaten, Blumen und Beeren an Sträuchern. Im Sommerlicht, im Sonnenlicht reift alles heran. Licht vermag viel. Wir sehen, wo es fehlt wird's dunkel. Dieses oder jenes Licht kann angezündet, angeknipst werden. Doch jene innere Erleuchtung, die den Schildbürgern fehlte, lässt sich nicht einfach machen. Das Licht, das reifen lässt, Reife in Obst und Gemüse bringt, wird uns geschenkt.
„Lebt als Kinder des Lichts“. Unsere Existenz ist angesprochen. Wie leben wir? Sind wir helle Menschen? – Helle sein. Auch das ist doppelsinnig. Helle Menschen sind kluge, gescheite Leute. Helle sind Menschen, die vorbildlich leuchten. Weder das eine noch das andere sind wir ständig. Um uns und in uns ist Dunkles. Es macht durchaus Sinn, daran erinnert zu werden: *„Lebt als Kinder des Lichts“.* Das ist möglich. Nicht aus uns selbst. Sondern weil Gott der Welt sein Licht gibt. Weil Gott Licht in unsere Welt und in unser Leben bringt.
„Der Herr ist mein Licht und mein Heil“ (Ps. 27,1), wird uns gesagt. – ***„Das Volk, das im Finnstern wandelt, sieht ein großes Licht“*** (Jes. 9,1), wird angekündigt. In Jesus kommt Gottes Licht zur Welt. ***„Und die Klarheit des Herrn leuchtete um sie“*** (Lk. 2,9), erzählt ein Lukas. – ***„Und das Licht scheint in der Finsternis“*** (Joh. 1,5), formuliert Johannes. ***„Er war***

das wahre Licht" (Joh. 1,9), fährt dieser Johannes fort. Und das alles mündet ein in Jesu Selbstaussage: ***„Ich bin das Licht der Welt …"*** (Joh. 8,12).

Gott ist Urheber des Lichtes. Wir müssen es nicht selbst machen, herstellen, erzeugen, entfachen, anzünden. Es wird uns gegeben. Nur deshalb ist es möglich: *„Lebt als Kinder des Lichts".* Es ist genug Licht da, das in der Welt aufscheint, auf uns fällt, in uns Güte, Gerechtigkeit und Wahrheit aufflammen lässt. Es ist genügend Licht da, das uns zeigt, worauf es ankommt in dieser Welt, in unserer Kirche, in unserer Gemeinde, in unseren Beziehungen, in unseren Begegnungen, in unseren Gesprächen, eben auf Güte, Gerechtigkeit und Wahrheit. Wir alle wissen, welche Wohltat gütige, gerechte und wahrhaftige Menschen sind.

7. Andächtig - „Vom Hunger nach Worten"

Ob ich die Andacht übernehme, wurde angefragt. Ja, antwortete ich spontan. Es macht Freude, sich etwas Zeit zu nehmen, um Gedanken zu sammeln und auszubreiten. Um dies und jenes andenken zu können, ohne vollständig sein zu müssen. Um für eine Weile andächtig zu werden und anderes liegen zu lassen. Um Verdrängtes, Vernachlässigtes oder fast Vergessenes aufkommen zu lassen. – Eine Andacht ist gute, hilfreiche Zeit, um Worte wirken zu lassen, um sie zu bedenken und auf sie zu hören. Für gewöhnlich vollzieht sich eine Andacht überwiegend auf der Kopf- und Hörebene. Dabei können Worte auch gegessen werden.

Bei Ezechiel lese ich: ***„Du Menschenkind, iss, was du von mir hast. Iss diese Schriftrolle und gehe hin und rede…Da tat ich meinen Mund auf und er gab mir die Rolle zu essen. Du Menschenkind musst diese Schriftrolle in dich hinein essen und deinen Leib damit füllen"*** (Ez. 3, 1 – 3).

Andacht, eine Zeit, um Worte zu essen. Darum liegen Bonbons auf ihren Plätzen. Sie unterstreichen und untermalen den Essvorgang. – Bobons müssen ausgewickelt werden wie auch die Worte, die in eine Geschichte, in eine Zeit verpackt sind. – Bonbons schmecken süß oder sauer, wie auch Worte, die uns gereicht werden. - Bobons zergehen im Mund, gleich mundgerechten Worten, die wir anstandslos schlucken. – Manchmal wird ein Bonbon zerbissen. An manchen Worten haben wir ganz schön zu kauen. – Besonders erfreulich sind gefüllter Bonbons. Worte sind voll und vielsagend. - Da und dort muss eine Weile an Worten geschlotzt werden, bis sie ihren Kern, ihr Innerstes freigeben und damit überraschen. - Manche Bonbons schmecken gesund. Sie heilen wie auch Worte heilen können. – Ab und zu liegt einem ein Bonbon im Magen. Worte können dasselbe tun.

Gerne nehme ich auf und wahr, eine Andacht ist nicht ausschließlich ein Rede- und Hörerlebnis, sondern auch ein Nahrungs- und Geschmacks- und Genusserlebnis. Worte haben Geschmack, sie machen Geschmack.

Wie schmeckt uns beispielsweise der Wochenspruch für die heute zu Ende gehende Woche? ***„Lasst eure Lenden umgürtet sein und eure Lichter brennen“*** (Lk. 12, 35).

Ich weiß nicht so recht. Einwände stellen sich ein, die ich mir erst einmal zugestehen muss. Ob ich stets und immer so beweglich bin wie es die gegürteten Lenden nahe legen. – Bin ich, sind wir als Kirche, ständig leuchtende, erhellende Kirche, entbrannt in Liebe, in Barmherzigkeit und und und...Bin ich immer präsent, allzeit bereit, so ganz davon überzeugt und davon erfüllt„ein Christ ist immer im Dienst“. - - Ich sehne mich auch nach Ruhe und weiß, dass Gott seinerseits die Ruhe schätzt, wenn er am 7. Tag ruht.

Es braucht, bis sich der Geschmack dieser Worte entfaltet. Bis sie mir schmackhaft machen, wie wertvoll es ist, konkret und aufmerksam zu sein. Dass es ein Segen ist, wach zu sein, ohne auf Schlaf zu verzichten, weil ja sonst alle Wachsamkeit in Übermüdung und Erschöpfung endet. Womöglich zerschmilzt es einem nicht so ohne weiteres auf der Zunge, dass zur Haltung der Christen Wachheit und Wachsamkeit gehören. Und dass wir daran erinnert werden müssen.

Bei jenem Ezechiel, der die Gottes Worte isst und verschlingt, ist bereits enthalten, dass es der Wachheit und des Wächteramtes bedarf.

Eine Andacht nährt. Ich möchte sie nicht missen, auch wenn es immer wieder braucht, bis sich einstellt, was sich bei Ezechiel einstellte: ***„Da aß ich sie, und sie war in meinem Munde so süß wie Honig“*** (Ez. 3, 1).

8. Behütet - „Alles unter einem Hut“

Vor einigen Jahren haben die Nordheimer Landfrauen eine Hutschau in unserem Altenkreis gezeigt. Wahre Kunstwerke, Prachtstücke waren da zu sehen. Hüte schmücken. Sie verschönern das menschliche Erscheinungsbild. Der Hut steht dir gut.

Hüte bei festlichen Anlässen aufgesetzt, der Zylinder etwa oder der Hut einer Braut

Hüte können manches erkennbar machen. Es gab den Bürgerhut der Bürger. Die verheirateten Frauen trugen früher eine bestimmte Haube. Daher wird bis heute gelegentlich gesagt: „Jemand ist unter die Haube gekommen." Von daher kommt auch die Haube der Diakonissen. Sie wurden damit gewürdigt wie die verheiratete Frau.

Hüte schützen. Etwa der Sonnenhut bei der Feldarbeit. Die Pudelmütze bei Kälte. Die Kappe bei der Arbeit oder bei Regen. Der Helm bei Bauarbeiten.
Der Hut weist auf Schutz hin. Das Leben ist kostbar. Es will geschützt werden. Darum wurden und werden Kinder gehütet, damit ihnen möglichst nichts passiert. Es berührt uns, wenn Mütter behutsam mit ihren Kindern umgehen oder Schwestern behutsam Kranke pflegen.
Wir bleiben immer noch gerne stehen, wenn wir einen Schäfer entdecken, der seine Schafe führt, bewacht, eben hütet.

Hüte sind nicht alleine schön. Sie zieren nicht nur Köpfe. Sie sind nicht ausschließlich Schmuck. Sie erzählen von unserem Bedürfnis, behütet und beschützt zu werden.
Der 127. Psalm beginnt mit den Worten:
„Wenn der Herr nicht das Haus baut, so arbeiten umsonst, die daran bauen. Wenn der Herr nicht die Stadt behütet, so wacht der Wächter umsonst."

Da werden ganz tiefe Lebenserfahrungen ausgesprochen:

- Wir können viel tun. Wir bauen Häuser und werden doch nicht richtig heimisch.
- Wir bauen unser Lebenshaus, streben Ziele an, machen Pläne und werden doch nicht völlig glücklich.
- Wir können im Frieden leben und sind trotzdem nicht vollständig zufrieden.
- Wir können dauernd etwas tun, arbeiten und kommen doch nicht ans Ziel.
- Wir schießen Versicherungen ab und sind trotzdem nie völlig sicher.

Immer wieder treffen wir darauf, was wir können und was wir nicht können. Niemand kann sich selbst behüten. Gott muss uns behüten. Gott behütet uns.

Und jeder von uns weiß dabei, dass Gott behütet meint nicht, wir werden vor allem Unglück bewahrt. Gott behütet und wir werden trotzdem krank, werden älter, spüren nachlassende Kräfte. Gott behütet, indem er in jeder Krankheit, in jedem Leid, im Älterwerden zu uns hält. Am eindrücklichsten hat Dietrich Bonhoeffer das festgehalten. Er saß im Gefängnis und schrieb: „Von guten Mächten treu und still umgeben, behütet und getröstet wunderbar…“
Das gibt es, das geht von Gott aus, behütet im Schlimmen.
Wenn ich mich von Menschen verabschiede, sage ich gerne: *„Behüt sie Gott.“* Ich gehe davon aus, Gottes Obhut reicht weiter und tiefer als alles, was wir Menschen können und kennen. Es ist wahr: *„Wenn der Herr nicht die Stadt behütet, so wacht der Wächter umsonst.“*
Er behütet sie und mich.

Herr, dankbar nehmen wir das Licht des Tages entgegen. Dankbar freuen wir uns an den Menschen um uns, denen wir hier begegnen, die sich unserer annehmen, die erfreuen und uns begleiten.
Herr, dankbar sind wir für deine Obhut, mit der du uns beschenkst. Für deine Fürsorge, die sich zeigt in fürsorglichen Menschen, in deren liebevollem Handeln, in deren Behutsamkeit.
Herr, behüte uns an diesem Tag. Halte Böses von uns fern. Gib Gelingen und deinen Segen.
Stärke unser aller Vertrauen, dass wir in deiner Obhut sind und bleiben.
Amen.

9. Jubeln - „Von Anlässen zu jubeln“

Wir kommen vom Sonntag „Jubilate“ her. – Es wird gejubelt. Zigtausende jubelten in Fußballstadien und in den Straßen Dortmunds. – Beim European Song Contest wurden Sängerinnen und Sänger mit ihren Liedern bejubelt. – In unserer Region wurde den Läuferinnen und Läufern beim Trollinger-Marathon zugejubelt.
Und worüber jubeln Christen?
Löst beispielsweise der Wochenspruch Jubel aus, wenn es darin heißt: ***„Ist jemand in Christus, so ist er eine neue Kreatur; das Alte ist vergangen, siehe, Neues ist geworden“*** (2. Kor. 5, 17).
Alt und neu. Neues kann durchaus Jubel auslösen. Alles Neue hat eine gewisse Faszination. Die Wirtschaft lebt mit davon, dass ständig neue Produkte auf den Markt gebracht werden.

Die Werbung preist Neues an. Neues ist mit Hoffnungen verbunden. Baden -Württemberg hat eine neue Regierung. Obwohl auch gilt, zu viel Neues verunsichert und ängstigt. Menschen äußern sich besorgt, wenn sie ständig mit neuen Bestimmungen und Verordnungen zu Recht kommen sollen.
Alt und neu. Die Bezeichnung alt hat eher einen negativen Klang. Am meisten macht mich betroffen, wenn mir bei Besuchen gesagt wird: „Der alte Mensch zählt so gut wie nichts mehr. Es wäre das Beste, uns Alte gäbe es nicht. Wir Alten verursachen doch nur Kosten."

Der Wochenspruch stammt von Paulus. Das Neue scheint bereits bei ihm gegenüber dem Alten bevorzugt zu sein. Er redet allerdings von der neuen Kreatur. Das ist weit mehr als Neues in der Produktpalette. Ein neuer Mensch sein ist etwas anderes als ein neues Lied oder ein neuer deutscher Meister oder eine neue Landesregierung.

Manchmal wünschen wir uns schon, anders zu sein. Obwohl wir uns dann selbst wieder besänftigen und meinen, niemand kann aus seiner Haut schlüpfen. - Manchmal ertappen wir uns durchaus dabei und ärgern uns darüber, weil wir wieder in alte Verhaltensmuster verfallen sind. Wieder den oder die alten Fehler begangen haben. Sowohl mit dem Alten als auch mit dem Neuen stoßen wir bei uns selbst an Grenzen.

Paulus redet als sei das gar kein Problem, eine neue Kreatur, eine neue Schöpfung, ein neuer Mensch zu sein. Er spricht ja auch christozentrisch. Er ist Christuszentriert. Nicht wir schaffen den neuen Menschen. Nicht wir machen uns anders. Wir werden anders durch das, was Gott in Christus tut. Niemand kann und muss sich selbst neu erschaffen, ein neues Bild von sich entwerfen. In Christus sind wir eine neue Schöpfung.
Paulus verweist auf die in Christus geschehene Versöhnung. Neu ist, dass wir in Christus mit uns selbst im Einklang sein können. Mit uns selbst im Reinen sind. Es ist ja auch eine Befreiung, eine Erlösung, wenn wir nach und nach aufhören können uns ausschließlich durch unsere eigene Leistung beweisen zu wollen. Wenn wir nicht mehr vom Selbstmitleid belastet sind. Wenn wir nicht mehr die Schuld der anderen brauchen, um uns zu rechtfertigen.
Das paulinische Stichwort für das, was neu macht, ist Versöhnung. Am Kreuz Jesu ist sie geschehen, so dass wir uns ganz neu verstehen und wahrnehmen können. Als Menschen, die ihre eigene Zerrissenheit nicht selbst heilen müssen. Die mit ihren Aporien nicht alleine gelassen sind. Am Kreuz werden die alten Wahrnehmungsmuster und die alten Verhaltensmuster aufgelöst. Der Mensch erfährt Gott als entgegenkommenden und

wertschätzenden Gott. Gott will und kann von seiner Kreatur Mensch nicht lassen. Das gilt und wird uns mit Jesus Auferstehung gesagt.

Worüber jubeln Menschen. Durchaus über Neues. Über das, was heute neu und morgen bereits alt ist, so dass wieder auf Neues gewartet wird und so fort und so fort... Das Neue, das nicht veraltet, ist in Christus wahr geworden. Es veraltet nie, sich in Christus als versöhnter, mit sich selbst identischer Mensch zu verstehen.

10. Schreiben - „Mein Kugelschreiber“

Wir haben ihn meistens bei uns. Er steckt in der Handtasche, im Jacket oder in der Hemdentasche. Er ist sehr nützlich. Wenn wir ihn mal vergessen haben, fehlt er uns unter Umständen. Zum Glück lässt sich das leicht beheben. Da gibt es kein Problem. Wir leihen ihn uns kurz aus. Sie wissen von wem ich rede.
Vom KUGELSCHREIBER.

Ein kleiner, wertvoller Gebrauchsgegenstand. Genau, ein Gegenstand, den ich brauche. Er unterstützt mich, damit ich rasch etwas aufnotieren kann. Bloß nichts vergessen. Ich schreibe mir's lieber auf.

So kennen sie den Kugelschreiber bestimmt auch. Ich schreibe mit ihm den Einkaufszettel, trage Telefonnummern ein, schreibe Gedanken auf. Ich unterschreibe mit ihm. Ich notiere Zeiten, Zahlen und Anrufe. Hie und da schreibe ich eine Grußkarte, eine Geburtstagskarte oder sogar einen Brief. Der Kugelschreiber unterstützt meine Erinnerungen. Manchmal sage ich zu jemandem, sie haben so viel erlebt. Schreiben sie es doch auf. Das Gute ist auch gut für die, die es lesen. Das Erlebte enthält Hinweise für die Lebenden. Das Bewährte meines Lebens kann andere ermutigen. Der Kugelschreiber fördert mein Gedächtnis.

Es kommt vor, dass ich Geschriebenes durchstreiche, verbessere. Er erinnert mich daran, dass ich Fehler mache. Er hilft mir dabei still und liebevoll. Menschen halten mir meine Fehler oft viel härter vor. Er tut es verträglich. Er zeigt mir, Fehler können immer wieder korrigiert werden.

Der Kugelschreiber. Er lässt mich an eine wunderschöne Aussage Jesu denken: ***„Freuet euch, dass eure Namen im Himmel geschrieben sind“*** (Lk. 10,20). Ist das nicht toll. Gott vergisst unsere Namen nicht. Bei der Taufe singen wir öfters den Choral: *„Nun schreib ins Buch des Lebens, Herr, ihre Namen ein“* (EG. 207). Sie und ich sind getauft. Unsere Namen sind aufgeschrieben. Kein Name geht verloren.

Dass ich mich gelegentlich verschreibe, habe ich schon gesagt. Manchmal wird eine Linie auch schief oder sie geht auf und ab. Ab und zu ist meine Schrift etwas zittrig, weil ich aufgeregt oder recht niedergeschlagen bin. Dann fällt mir ein: Gott schreibt auch auf krummen Linien gerade. Gott rückt zurecht, was wir nicht recht machen. Er gibt dem Leidvollen seine Handschrift. Jetzt ist Passion. Nächste Woche ist die Karwoche. Wir lernen Gottes Schreibweise kennen. Es muss einer das Leben leidenschaftlich lieb haben. Es muss einer das Leben weiter schreiben trotz unserer Fehler, trotz dem Sterben.
Gott schreibt ihr und mein Leben weiter.

Der Kugelschreiber ist ein durch und durch nützliches Gerät. Er nützt mir sogar, etwas von Gottes Tun zu begreifen.

II. Im Kirchenjahr gepredigt

1. Advent

a) „Lichthungrig“ *(Rm. 13, 8-12)*

Liebe Gemeinde.
„Je älter ich werde“, meinte sie, „um so lichthungriger bin ich.“ Dabei deutete sie auf die hellen Wände ihres Wohnzimmers. „Früher mochte ich durchaus Getöntes. Jetzt sind meine Augen für alles Helle dankbar.“

Lichthungrig. Das passt zum Advent. Ist es die dunkle Jahreszeit, die lichthungrig macht? Oder erlaubt es der Advent, unseren Lichthunger zuzugeben und sichtbar zu machen? – Wenn ich den Lichterschmuck in Fenstern und Straßen, an Häusern und in Dörfern sehe, dann verstehe ich das als Lichthunger. Alles Dunkle und Nächtliche ist nur bedingt schön. Vor allem, wenn solches in einem selbst liegt und steckt. Wenn die Seele, das Herz, die Gedanken dunkel geworden sind. Ein Verlangen nach Licht und Helligkeit ist da. Wer wäre nicht gerne öfters oder immer ein freundlicher, strahlender, präsenter, leuchtender Mensch. Wer möchte nicht liebend gern alles Finstere hinter sich lassen, es ablegen, wie Paulus es beschreibt. Ausziehen wie ein alt gewordenes, zu enges Kleidungsstück.

Nacht und Licht. Das deutet nicht alleine Tageszeiten an. Damit werden Befindlichkeiten angesprochen. Das sind existenzielle Aussagen. Der Advent nimmt unsere Lichtbedürftigkeit, unser Verlangen nach Hellem auf. Advent weiß ums Licht. Es steht vor uns. Das ist fast wie im Märchen, wo verirrte Menschen nachts ein rettendes Licht sehen. Weihnachten, auf das wir zugehen, ist nach wie vor ein Märchen. Es ist anhaltend wunderbar und wundersam, ein Kind erblickt das Licht der Welt. Darin empfängt die Welt Gottes Licht. Die Nacht kann jetzt weichen. Das Finstere muss nicht weiter beherrschen. Licht kann angelegt werden.

Was macht die Welt hell? Damit beschäftigen sich Menschen leise oder laut seit es Menschen gibt. Oberflächliche Beleuchtungen reichen dafür nicht. Es muss ein Licht sein, das in die Tiefen menschlicher Seelen fällt und unsere Herzen erwärmt. – Licht heilt. Nicht jedes Licht tut das. Paulus verbindet Licht und Liebe. Wenn etwas heilt und hell macht, dann ist es die Liebe. Obwohl auch die Liebe sich vertun kann, sich daneben benimmt und missrät. Das trifft uns besonders hart.

Der adventliche Lichthunger ist ein Verlangen nach Heil, nach Heilendem, nach heilvoller Liebe. Jetzt ist die Zeit, um aufzubrechen, um vom Schlaf aufzustehen und ihn abzuschütteln, um wach, aufmerksam, offen auf Weihnachten zuzugehen. Um dann intensiv zu feiern, der Liebe Gottes kann getraut werden. Die Liebe, die Gott für Menschen und Welt hat, ist absolut verlässlich. Ihr kann ich mich überlassen. Denn seiner Liebe ist nichts Menschliches fremd. Weder das, was uns widerfährt noch das, was wir tun und verursachen noch das, was wir einander schuldig bleiben. Mit der Geburt Jesu verlockt Gott uns dazu, aus der Nacht des Misslungenen und der Versäumnisse, auch der Nacht der Ärgerlichkeiten und Ängstlichkeiten ins Licht heilender Liebe zu treten. Dem Heiligen zu begegnen. Eine Welt, der das Heilige fehlt, ist entheiligt, entstellt. Dann ist Menschen kaum noch etwas oder auch gar nichts mehr heilig.

Es kann aufgebrochen werden, weiß Paulus. Den eigenen Lichthunger in Gottes Licht halten. Das eigene Heilsverlangen heilen lassen. Sich erzählen lassen, welche Liebe aus der unvergleichlichen Geburtsgeschichte Jesu spricht.
„*Liebe, und dann tu, was du willst*!“, schrieb der Kirchenvater Augustin. Das hört sich fast etwas vermessen an. Genau das ist ja der Gottesliebe zu Eigen. Sie ist maßlos, grenzenlos. Vom selben Augustin wird erzählt: Er ging eines Tages am Strand des Meeres spazieren. Dort traf er ein spielendes Kind. Er blieb stehen und sah ihm zu. Das Kind saß da und schöpfte mit einem Gefäß Wasser aus dem Meer. –„Was tust du da?“, fragte er nach einer Weile. – „Ich schöpfe Wasser aus dem Meer bis es leer ist“, antwortete das Kind, kindlich überzeugt, dass das gelingt. Augustin bekam Tränen in die Augen. „Dieses Kind hat mich auf etwas aufmerksam gemacht“, erklärte er. „Es ist vermessen zu meinen, wir könnten jemals Gottes Liebe ausschöpfen.“

Weder Augustin noch wir werden jemals Gottes Liebe ausschöpfen können. Sie wird immer da sein als Licht, das heilt. Wir werden sie als die Erfüllung betrachten, die Maßstab unseres Handelns ist und aus der Fülle wird. Davon inspiriert und betroffen hat Jochen Klepper gedichtet:
„Die Nacht ist schon im Schwinden, macht euch zum Stalle auf! Ihr sollt das Heil dort finden, das aller Zeiten Lauf von Anfang an verkündet, seit eure Schuld geschah Nun hat sich euch verbündet, den Gott selbst ausersah“ (EG. 16, 3).

Das muss man sich auf der Zunge und im Herzen zergehen lassen, Gott unser Verbündeter. Das geht einem dort im Lichte des Stalles auf. Dort geschieht das, was wir doch immer schon sein wollten, helle, erleuchtete, weitsichtige Menschen.
Amen.

b) „Johannes“ *(Mt. 11, 2-6)*

Liebe Gemeinde.
Eigentlich hätte es Johannes wissen müssen, wer Jesus ist. Es war ja noch gar nicht lange her. Am Jordan stand Jesus vor ihm. Er wollte von ihm getauft werden. Johannes hatte sich anfangs gewehrt(Mt. 3, 14). Jesus bestand darauf. So taufte er ihn.

Eigentlich hätte Johannes Bescheid wissen müssen. Bei der Taufe war es doch öffentlich geworden, in Jesus ist Gott gegenwärtig. ***„Du bist mein lieber Sohn, an dem ich Wohlgefallen habe“*** (Mt. 3, 17). Das bestätigte zwar sein erstes Zögern. Wie kann ich ihn taufen? Es war jedoch eine eindeutige Aussage, mit wem er es in Jesus zu tun hat.

Eigentlich hätte Johannes wissen müssen, wer Jesus ist. Hatte er es inzwischen vergessen? Wieso lässt er jetzt fragen *„bist du es wirklich oder sollen wir auf einen anderen warten?“* Vielleicht befürchtete er, sich geirrt zu haben. Wir kennen das ja. Man ist überzeugt, den einen Menschen gefunden zu haben. Dann erweist sich das als ganz großer Irrtum.
Vielleicht war Johannes enttäuscht? Er hatte ja den kommenden Messias angekündigt. Er wird zum Gericht kommen. Eine neue Zeit beginnt. Doch Jesus war kein Richter. Er war gerecht und gütig. Bis heute singen wir: *„Er ist gerecht ein Helfer wert, Sanftmütigkeit ist sein Gefährt“*. Er behandelt Menschen gerecht und nicht richtend, verurteilend.
Eigentlich hätte Johannes wissen müssen, wer Jesus ist. Jetzt ist er völlig durcheinander. Ungewissheit nagt an ihm. Er weiß nicht mehr, was er von ihm halten soll. Wenn das Leben eng wird und die Zeit knapp, kommen die Zweifel. Eingesperrt in ein Gefängnis, in eine Krankheit, in die Einsamkeit. Mit einem Mal drehen sich die Gedanken im Kreis. Wenn furchtsam an den morgigen Tag gedacht wird. Wenn die Selbstverständlichkeit weg ist, der Rhythmus der Tage verloren ging. Wenn die Zeit ganz anders gewichtet wird als bisher. Wenn Pläne durchkreuzt wurden. Wenn plötzlich an einem Grab gestanden wird, dann wird auch der Glaube rissig, brüchig. *„Bist du es?“* Ich kann diesen Johannes verstehen, der verzagt, nervös und angespannt und unruhig geworden ist. Der jetzt das einzig Richtige tut. Ich brauche Klarheit. Ich muss wissen, woran ich bin. Bist du es, in dem Gott handelt. Ist Gott wie du? Leises, fremdes Ahnen, und wenn Gott nun doch anders ist als vorgestellt, als gedacht, erwünscht?

Dann bin ich wieder einmal von Jesus überrascht. Er lässt sich auf das Fragen ein. Er reagiert weder ungeduldig noch verärgert noch vorwurfsvoll. Nicht wie wir, wenn uns entwischt: Jetzt habe ich dir das doch schon 100 Mal gesagt, schon 100 Mal erklärt. Satt dessen: *„Sagt Johannes, was ihr hört und seht“*. – In dem Wörtchen hören ist alles enthalten, was so wunderbar und zugleich so schwer ist. Gott redet. Gott ist zu hören. Gottes Wort ruft die Welt ins Dasein. Ruft ins Leben. Ruft Menschen beim Namen. Gibt Menschen Worte.
Gott redet. Darum ist er zu hören. Und selbst wenn wir Menschen meinen, nichts mehr von Gott zu sehen, weil wir über manches einfach nicht hinaussehen, weil das Dunkel so mächtig

ist. Dann ist Gottes Wort immer noch da. Dann kann Gott immer noch vernommen, gehört werden. Dann gibt es immer noch viel von Gott zu erzählen. Bis hin zu Gottes Sprache, die er in Jesus spricht.

Von Gott will erzählt werden. ***„Geht und sagt, was ihr hört und seht. Blinde sehen, Lahme gehen, Aussätzige werden rein…“*** (Mt. 11, 4.5). Wunderbares ist zu hören. Aber macht das die Zweifel nicht noch größer? So viele Wunder. Und wo bleibt das Wunder, dass ein Johannes frei wird? Wo das Wunder, dass einem Johannes weitere Lebensjahre geschenkt werden? Johannes hört, doch die Gefängnistür geht nicht auf. Reicht ihm das Gehörte? Kann das genug sein, von Jesu wundervollem Handeln an anderen zu hören? Wunder stellen sich bei Johannes nicht ein. Bei ihm stellt sich Heil ein. Ob das womöglich das Wunder ist? Das ist doch oft das Letzte, das hält, tröstet und leben heißt, das sogar wie dann einen Johannes sterben lässt, dass er in Gottes Heil steht, eingelassen, einbezogen, darin verankert ist. Gott bekennt sich zu seinem Heil für seine Menschen. Darauf ist Verlass. Dafür gibt er sein Wort. Das bezeugt Jesus mit seinem Kreuz. – Krankheiten vergehen nicht einfach. Gefängnisse bleiben oft genug, das Sterben hört nicht auf. Das Heil aber bleibt. Jene Zusage Gottes, Gott der Kranken, der Gefangenen, der Armen, der Sterbenden zu sein.
Uns Jesus buchstabiert das mit Johannes und mit uns durch. Ist sein heil zu wenig? Ärgert es einen, dass Wunder so selten sind? – Und demnächst werden wir die Weihnachtsbotschaft hören. Den Hirten war dieses Heil nicht zu wenig. Einer Maria war das Wunder genug, dass Gott in ihrem Kind zur Welt kommt. . ***„Und alle, vor die es kam, wunderten sich über das, was ihnen die Hirten gesagt hatten“*** (Lk. 2, 18).
Ist das nicht Wunder genug, dieses Heil, dass Gott in der Tiefe, in der Nacht, in der Verworfenheit von Hirten, in der Not eines Johannes, in Unvorstellbarem da ist? Man kann sich darüber ärgern. Das ist möglich. Man kann sich daran freuen. Und dann hört jemand nicht allein, sondern sieht auch. Sieht sich im Heil Gottes. Sieht sich im Lichte Gottes. Dann hat jemand Klarheit gefunden. In sich ist klar geworden, größeres Heil gibt es nicht.

2. Heilig Abend

a)„Glocken verkünden die Weihnachtsbotschaft“

Liebe Heilig Abend-Gemeinde.

85 Treppenstufen führen hinauf in unsere Glockenstube. Mit jedem Treppenschritt lässt das Laute etwas nach. Mehr und mehr bleibt das Unruhige zurück. – Etwas atemlos komme ich oben an. Hier ist es recht still. Schweigend hängen unsere 4 Glocken da. Nur ein leises Geräusch erinnert daran, die Zeit bleibt nicht sehen. Der laute Glockenschlag erschreckt mich ein bisschen. Unsere Glocken sagen die Zeit an. Sie teilen Minuten und Stunden mit. Alles in dieser Welt hat seine Zeit. Und jede Zeit hat ihre Namen. ***„Es begab sich aber zu der Zeit, dass ein Gebot von dem Kaiser Augustus ausging…“*** (Lk. 2,1). Zu jener Zeit war es Augustus. Heute sind es andere Politikerinnen und Politiker, mehr oder weniger bekannte Leute und wir selbst. Wie viele Jahre liegen zwischen damals und heute. Was hat sich seitdem nicht alles verändert. Alles? – Das Verlangen nach Frieden ist gleich geblieben. Die Sehnsucht nach mehr Verstehen ist immer noch da. Gegensätze tun weiter weh. Die Schöpfung braucht immer noch unser aller Achtung.

„Es begab sich aber zu der Zeit…“ Jede Zeit lebt von zeitlos Gültigem. ***„Und als sie dort waren, kam die Zeit, da sie gebären sollte und sie gebar ihren ersten Sohn…“*** (Lk. 2, 6.7). Gott begibt sich in die Zeit, in die Weltenzeit, in Lebenszeiten. Ein Kind bringt Gottes Atem in die Zeit. Ein Retterkind wird geboren. Was die Welt verändern kann, kann nicht aus der Welt stammen. Wenn das Leben genesen soll, muss Neues geschehen. Neu wie ein Neugeborenes. Was uns Sinn gibt in der Begrenztheit unserer Zeit, muss uns eingestiftet werden. Gott in der Zeit. Der Glockenschlag kündigt davon. Weihnachtliche Zeitansage für alle Zeit. Weihnachtlicher Glockenschlag.

Der Glockenschlag ist verklungen. Jetzt ist Zeit um die Glocken zu betrachten. Sie tragen Symbole und Inschriften. Auf einer ist zu lesen: ***„Ehre sei Gott in der Höhe und Frieden auf Erden...“*** (Lk. 2,14). – Das steht auf einer der beiden kleinen Glocken. Der Friede dürfte ruhig an die große Glocke gehängt werden.

Ich schlage sie sachte an. Ein heller Ton erklingt. Eigentlich passt das helle, das feine zum Frieden. Ob der Friede deswegen oft genug von Lärm und Geschrei übertönt wird?

Für einige Momente geh ich zu den Schallläden. Drunten schmiegen sich die Häuser unseres Dorfes aneinander. Dach reiht sich an Dach. Von hier oben wirkt alles sehr friedlich. Die Dächer scheinen zu verdecken, wo geweint oder auch gestritten wird. Sie verbergen die

Sorgen, die da und dort zu Hause sind. Aus der Distanz sind die Spannungen nicht zu erkennen, die sich durch Familien oder auch Straßenzüge schlängeln.
Menschen können vergessen und verlieren, wie Frieden klingt. Unsere Glocke schüttet den Frieden aus, der auf Bethlehems Hirtenfelder erschollen ist. Sie gießt ihre Friedenstöne hinab. Sie hat sie empfangen. Eine Glocke bleibt stumm, wenn sie nicht angestoßen und bewegt wird. Gott bringt Frieden zur Erde. Und dann beginnen Engel zu singen. Und dann horchen Hirten auf. Weise machen sich auf den Weg. Der Friedensklang ist ein verliehener Klang. Er wandert durch die Welt. Klopft an Häusern und an Menschenherzen an. Er ist nicht aufdringlich aber eindringlich schön. Gottes Frieden den Menschen unseres Dorfes. Das läutet sie uns täglich zu. Wir können mit uns selbst im Frieden sein. Wir können einander zum Frieden verhelfen. Der Heilige Abend ist ein wundervoller Anfang dafür. ***„Frieden auf Erden bei den Menschen seines Wohlgefallens“*** (Lk. 2, 14). Krippenfrieden weckt Gefallen aneinander.

Vier Glocken. Keine gleicht der anderen. Jede hat ihre Klangfarbe, ihre Sprache. Groß, gewaltig und schwer die Betglocke. Sie verbreitet einen dunklen, warmen Ton. Das erzählt auch eine russische Geschichte.
‚Irgendwo in einem russischen Dorf gab es eine Kirche, in deren Turm eine große Glocke aus grünem Erz hing. Wenn sie geläutet wurde, unterbrachen die Menschen ihre Arbeit, mit der sie gerade beschäftigt waren. Ihr Klang machte die Reichen großzügig, die Armen froh und die an Gewalt dachten, wurden friedlich. – Der mächtige Zar wollte die Glocke zu sich holen, ihm sollte sie gehören. So ließ er sie aus dem Turm abseilen, auf einen Wagen laden und spannte viele Pferde davor. Aber die Glocke ließ sich nicht von der Stelle bewegen. Das erboste den Zar sehr, so dass er die Glocke zerschlagen ließ und wieder in sein Schloss zurückkehrte. Doch die Bauern des Dorfes pflügten die tausend Trümmer ihrer Glocke unter. Im nächsten Jahr wuchsen daraus lauter kleine Glocken. Die Menschen nahmen sie mit nach Hause, so dass in jeder Familie, in jeder Stube ein Glöckchen aus grünem Erz hing. Und wenn eines der Glöckchen erklang, wurden die Reichen freigebig, die Armen wurden froh und die an Gewalt dachten, wurden friedlich.’
Was in dieser Nacht begonnen hat, die Hirten zum Loben und die Weisen zur Anbetung führte, geht weiter. Niemand vermag es aufzuhalten und niemand kann das zerschlagen. Unsere Glocken machen es vierstimmig hörbar. Aus Klangfarben wird Klangfülle. Und wo immer ein weihnachtlicher Ton ankommt, sich in Herzen niederlässt, in Familien und in Häusern wohnt, setzt sich das Wunder fort. Es kommt zu jenen Momenten, in denen Reiche

freigebig werden, Arme froh und die an Gewalt dachten, lassen davon ab. Im Geläut unserer Glocken steckt die Weihnachtsbotschaft. Nicht nur heute, sondern während des ganzen Jahres.
Amen.

b) „Der Weihnachtsnarr"

Liebe Heilig Abend – Gemeinde.
Es war an einem Heiligen Abend. Die Kirche war dicht besetzt. Leise ging nochmals die Tür auf. So gut wie niemand achtete darauf. Vermutlich hatte sich jemand etwas verspätet. Erst als die Person den Mittelgang entlang ging, wurde auf ihn geblickt. Wahrscheinlich wollte er vorne nach einem Platz schauen. Dann allerdings stand er im Altarraum. Dort ging er auf und ab. „Möchten sie sich nicht setzen?", meinte der Pfarrer. Er schüttelte den Kopf. Unruhig ging er weiter hin und her als suche er etwas. – „Sie scheinen etwas zu suchen", bemerkte der Pfarrer. – „Ja", erwiderte der Mann ohne inne zu halten. „Ich habe etwas verloren und hoffe, es hier wieder zu finden." - „Und was ist das?", fragte der Pfarrer. - „Ich habe Weihnachten verloren und suche es!" – Gespannt hatten die vielen Menschen den kleinen Dialog verfolgt. Jetzt lächelten einige. Anderen stand ins Gesicht geschrieben, ist der etwas verrückt. So ein Narr, da ist die Kirche weihnachtlich geschmückt. Dort der Christbaum, da die Krippe. Genau darauf verwies jetzt auch der Pfarrer. „Schauen sie sich doch bitte um, ist das nicht genug Weihnachten?" – „Nein, das reicht mir nicht mehr. Früher war ich auch mit dem zufrieden. Doch jetzt suche ich das echte, das wirkliche Weihnachten." – Der Pfarrer war nachdenklich geworden. In der Kirche war es besonders still. In die Stille hinein sagte der Pfarrer: „Sie suchen wohl den tiefen Sinn von Weihnachten?" – Der Mann nickte. „Wir werden ihnen helfen. Wir suchen alle zusammen."

„Sie suchen Weihnachten", wandte sich der Pfarrer an den Mann. „Wissen sie, es ist genau umgekehrt: *„Weihnachten sucht sie."* Bei diesen Worten blieb jener Weihnachtsnarr tatsächlich stehen. *„An Weihnachten sucht Gott sie! Er will sie erreichen und bei ihnen ankommen."* – Und dann zündete der Pfarrer eine Kerze an. Er reichte sie dem Narren. Behutsam nahm er sie in seine Hände. Der milde Kerzenschein fiel auf ihn. Die Wärme streichelte sein Gesicht. *„Gott sucht sie und stellt ihr Leben in sein Licht."* Versonnen starrte er in die lebendige Flamme. - „Wie ruhig einen das macht", sagte er leise. "Meine Augen

freuen sich am Licht. Sie nehmen es auf und führen es meiner Seele zu. Ich merke, wie die Wärme von außen nach innen dringt und sich in meinem Herzen einnistet.“
„Gott sucht sie auf“, wiederholte der Pfarrer, *„Sie sind ihm lieb und wert. Gott wird Mensch, weil er sie als Mensch über alles mag, schätzt und braucht. Das leuchtet an Weihnachten in der Geburt des Jesuskindes auf.“* – Der Weihnachtsnarr genoss das Licht. Ein seltsames Bild. Da stand einer in der vollen Kirche, hielt eine Kerze in seinen Händen und strahlte. *„Gott sucht sie mit seinem Licht. Sie sind Empfänger und Träger des göttlichen Lichtes.“* – „Das ist ergreifend schön“, stammelte der Narr. Es war als sei ihm ein Licht aufgegangen, ein Weihnachtslicht. Das ist wunderschön und deshalb hören wir, Musik.

Der vorhin noch so unruhige Narr stand immer noch ganz ruhig da. Er saugte das Licht in sich auf als gäbe es nichts Kostbareres. – „Ist ihnen schon etwas weihnachtlicher geworden?“, mischte sich der Pfarrer ein. „Ein bisschen schon. Könnten sie mich noch etwas mehr von Weihnachten finden lassen?“ - *„Gott sucht sie. Das können sie auch hören.“* - „Wie hören?“, fragte der Narr fast etwas aufgebracht zurück. „Das ist ja mit mein Problem. Ich höre viel zu viel. Es gibt viel zu viel Lautes und Schlimmes in unserer Welt. Manchmal würde ich mir am liebsten die Ohren zuhalten. Ich höre, wie Menschen sich anschreien und anschweigen. Ich höre Kinder weinen. Ich höre, wie Versprechen gegeben und nicht eingehalten werden. Ich höre, wie Menschen sich mit Worten bekriegen. Ich höre dumme Parolen. Wie soll ich bei alledem Weihnachten hören können?“ – „Sie haben recht. Sie sind heute zur Kirche gekommen als wüssten sie, sie ist ein Raum für andere Töne. Sie sind wichtig und heilsam. Ich denke, Sie müssten einfach mal anhören wie Weihnachten klingt.
Oft sind es alte Lieder, die Gott zu uns bringen und in unser Inneres legen, so dass wir selbst zur Wohnstatt Gottes werden. Wie beispielweise: *Ich steh an deiner Krippen hier...“* Musik

Der Weihnachtsnarr lauschte. „Das sind Klänge für die Seele. Am liebsten möchte ich noch mehr davon bekommen.“ - „An Weihnachten sucht Gott uns in Liedern und in Musik auf. In uns streiten ja die Stimmen und Töne oft genug gegeneinander. Das verwirrt. Dabei gibt es seit Weihnachten einen Grundton. *„Euch ist heute der Heiland geboren... Ehre sei Gott in der Höhe und Frieden auf Erden bei den Menschen seines Wohlgefallens.“* Das erklingt in ungezählten Variationen. Das wird immer neu besungen, gesungen, zugesungen.“ -- Der Pfarrer schwieg kurz. „Vielleicht, hob er dann wieder an, „vielleicht ist das eine Schwäche Gottes, dass er das Leise und nicht das Triumphale bevorzugt. Es ist halt ein menschlicher

Gott, der sich uns in der Geburt eines Kindes zuwendet. – Weil ich gerade von Schwäche gesprochen habe. Gott hat eine Schwäche für uns Menschen. *Gottes Ehre ist der Mensch.*"
„ Gibt es noch mehr von diesen weihnachtlichen Tönen und Liedern. Ich würde gerne noch mehr davon entgegennehmen und in mich einkehren lassen".
„Gleich", antwortete der Pfarrer, „doch wie ist es jetzt mit Weihnachten bei Ihnen?"
Und der Weihnachtsnarr meinte: „Ich weiß jetzt, dass Gott mich sucht um mein Leben in das Licht der Christgeburt zu tauchen. Ich habe gehört, mit welchem Klang und welchem Ton Gott mein Leben versieht. In mir ist klarer geworden, wie sehr sich Gott um mich müht. Was war ich bloß für ein Narr, dass ich das bisher nicht bemerkt habe!"

„Sie sind kein Narr. Sie haben uns genötigt, ganz tief in das Weihnachtsgeschehen einzudringen. – Sie wollten noch mehr vom weihnachtlichen Klang hören.
Noch ergreifender ist es, wenn wir selbst davon singen. Im Singen greift das Wunder der Heiligen Nacht von uns Besitz. Mit dem Singen stimmen wir in das Wunder dieser Nacht ein. Wir stimmen zu, so ist Gott in der Welt. So ist er bei uns. Und je mehr es singen, um so lauter wird in der Welt. *„Ehre sei Gott in der Höhe und Frieden auf Erden bei den Menschen seines Wohlgefallens.* Wenn es viele singen, verändert das die Welt. Darum singen wir jetzt miteinander."
Amen.

3. Weihnachten

a) „Von der Fülle" *(Gal. 4, 4-7)*

Liebe Gemeinde.
Am Morgen rieben sie sich verwundert die Augen. Die Felder flossen keineswegs von Milch und Honig über. Das Engelsleuchten am Himmel war weg. Ihre Schafe hatten Hunger und die Wölfe verstanden nach wie vor ihr Handwerk. Die Hirten waren von einer Welt in die andere gefallen. Der Bruch zwischen nächtlichem Glanz und dem Morgennebel war doch zu groß. Was galt nun?
„So ist es immer", meinte David einer der Hirten. „Einer sieht etwas und hört etwas. Dann wachst du auf und suchst das Neue. Ob wir uns doch geirrt haben?"

„Nein", meinte Jakin bedächtig. „ Du vergisst meine leere Milchkanne. An meinem Gewand hängt noch das Stroh vom Stall, wo ich die Decke zurückgelassen habe."
„Und warum glänzen dann die Schafe nicht wie Gold? Warum empfängt man uns in Bethlehem nicht wie Könige? Warum sind keine Priester da, um uns zu befragen?"

Verlassen wir die Hirten an ihrem Weihnachtsmorgen. Irgendwann werden wir ihnen wieder begegnen. Wenden wir uns unserem Weihnachtsmorgen zu. Wie sind wir aus der vergangenen Heiligen Nacht hervorgegangen? War es das Fest, das wir uns vorgestellt haben. Ruhig, mit Musik, mit festlicher Freude an den alten Liedern und vertrauten Geschichten. Wie geht es uns am Morgen nach einer vom Kerzenschein durchtränkten Nacht, mit dem sorgfältig geschmückten Baum und den liebevoll ausgewählten Geschenken. Ist der Glanz verschwunden als das Geschenkpapier beiseite gelegt wurde. Der Weihnachtsmorgen steht im Kontrast zur Heiligen Nacht. Alljährlich wird das erlebt wie ein Traum, der verweht. Es ist kein Traum, höre ich da Paulus widersprechen. Er war genauso wenig in Bethlehem dabei wie wir. Auch er hat Jesus zu Lebzeiten nicht kennengelernt. Doch was damals geschehen ist, hat Langzeitwirkung. Davon schreibt Paulus (Gal. 4, 4-7):

„Als aber die Zeit erfüllt war, sandte Gott seinen Sohn, geboren von einer Frau und unter das Gesetz getan, damit er die, die unter dem Gesetz waren, erlöste, damit wir die Kindschaft empfingen. Weil ihr nun Kinder seid, hat Gott den Geist seines Sohnes gesandt in unsre Herzen, der das ruft: Abba, lieber Vater. So bist du nun nicht mehr Knecht, sondern Kind; wenn aber Kind, dann auch Erbe durch Gott."

Jeder schöpft gerne aus dem Vollen, aus der Fülle der Zeit, aus der Fülle des Lebens. Was ist das für ein eigenartiges Reden: *„Als die Zeit erfüllt war."* Das erinnert an eine abgelaufene Uhr, an verrinnende Zeit. Als sei jetzt etwas vorbei wie jetzt die letzen Tage des Jahres dahingehen und dann am Altjahrsabend dessen letzte Sekunden mitgezählt werden. Abgelaufen, gezählte, gemessene Zeit. Gott misst die Zeit anders. Nicht vordergründig nach deren Länge und Dauer. Sondern wie sie beschaffen ist und welche Qualität sie hat. Jetzt ist es gefüllte Zeit, von Weihnachten her gefüllte Zeit. Nicht weil die Zeit abgelaufen ist, kommt Gott. Sondern Gott kommt und die Zeit wird erfüllt. Erfüllt vom Geburtsschrei des Lebens. Jetzt ist Gottesfülle greifbar.
In der sixtinischen Kapelle in Rom hat Michelangelo ein großartiges Deckengemälde hinterlassen. Gott erschafft Adam, den Menschen. Dabei streckt Gott seine rechte Hand aus

und berührt mit der äußersten Spitze seines Zeigefingers den Zeigefinger der linken Hand des fast leblosen, matten Adam. Eine ganz zarte Berührung als könne der Menschen gar nicht mehr Gottesnähe ertragen. Die Begegnung mit Gott kann sehr gewaltig und erschütternd sein. Weihnachten setzt Gottes zärtliche Berührung fort. Er reicht uns seine Hand. Es ist die Hand eines Kindes. Vor der Hand eines Kindes muss sich niemand fürchten. Gott kommt als Kind zu Welt. Er wird von einer Frau geboren, deren Namen von Paulus nicht einmal genannt wird. Gott als Mensch in der Welt. Unter dem Gesetz wie wir. Daher verletzlich und anfällig. Darum Zustimmung und Widerspruch ausgesetzt und sterblich. Ganz ungeniert, kühn konnten die Kirchenväter sagen: *„Gott wird Mensch, damit der Mensch Gott werde"*. Das gilt zuerst für Jesus und dann für uns. Gott würdigt unser Menschsein. Das befreit. Damit ist hinfällig, was wir von uns selbst und voneinander halten. Die Last ist von uns genommen, immer etwas aus uns machen zu müssen. Stets funktionieren zu müssen. Das Kind in der Krippe macht uns zu Kindern Gottes. Wir sind seine freien, erwachsenen Kinder. In uns wird das zum Gesang. Zutiefst überzeugt können wir singen: *„Er wird ein Knecht und ich ein Herr, das wird ein Wechsel sein"* (aus: Lobt Gott, ihr Christen alle gleich... EG. 27, 5). Der Wechsel ist damals geschehen. Er gilt. Wir zehren davon. Obwohl er uns zugleich verantwortlich macht. Ein bisschen könnte einem bange werden, ob wir dem Kindsein gewachsen sind. Seiner Menschlichkeit, die er angenommen hat, damit wir groß werden, an Größe zunehmen in dieser Welt.
Es ist noch immer dieselbe Welt, in der der eingangs erwähnte Hirte an seinem Weihnachtsmorgen den Glanz vermisst. Wir können ihn unsererseits vermissen, wenn der Büroalltag grau und der Tag an der Werkbank lang ist. Wenn wir das Treiben der Mächtigen sehen, die ihren Maßstäben folgen und denen niemand richtig Einhalt gebietet. Wenn uns das Elend von Menschen anspringt und wir der Fairness nur mühsam entsprechen. Der Glanz der Heiligen Nacht verblasst zu rasch. Alles, was dunkel und düster ist wird dann als Argument gegen Gott gerichtet. Ist Gott womöglich doch zu kindlich, zu menschlich geworden als er von einer Frau geboren wurde?

Der große, mittelalterliche Straßburger Mystiker Johannes Tauler sagte in einer Weihnachtspredigt: *„Wenn Gott zu dir kommen soll, wenn Gott in dich ein ziehen soll, dann musst du ganz leer werden. Willst du sprechen, so muss Gott schweigen. Soll Gott sprechen, dann musst du schweigen"*.
Es fällt uns schwer, an Weihnachten mit seiner ganzen Üppigkeit leer zu werden. Vielleicht stehen wir uns oft genug selbst im Weg, die Kindlichkeit Gottes anzunehmen. Sie in uns

einkehren zu lassen und gerne Kind zu sein. Unbefangen und offen, neugierig und ohne Scheu, sich beschenken zu lassen. Schweigend entgegennehmen, was wir als seine Kinder sind, Erben. Erben profitieren. Wir profitieren davon, keine Nummer zu sein, sondern als Mensch von Gott geschätzt. Seine Erbschaft macht reich. Reich an Leben, weil Gott uns weder nach Leistung noch nach vollen Terminkalendern misst. Weil wir für ihn kein Aktenvermerk sind, sondern lebendige Geschöpfe die geliebt sein möchten. Und genau das sind wir. Geliebte Kinder.

Leer werden und schweigen, empfiehlt der Mystiker, damit die Fülle, die in der Zeit ist, die Fülle seiner Menschwerdung in uns wohnt und wir Menschen seines Glanzes sind. Glanzvolle Weihnachtsmenschen.

Amen.

b) „Weihnachtliche Klarheit“ *(Offb. 7, 9-12)*

Liebe Gemeinde.

Sie waren ins Gespräch vertieft. Gedanken wurden zu Worten. Mit tastenden, suchenden Aussagen durchwanderten sie die Welt und verließen sie zugleich. – *„Wird es noch Gottesdienste geben, wenn Gott sein Reich vollendet hat?“* – Eine erstaunliche Frage. Kopfschütteln. *„Nein, es wird keine Gottesdienste mehr geben. Alles Elend der Welt ist dann vorbei. Unsere menschliche Not muss nicht mehr vor Gott gebracht werden. Gott und die Welt, alle Welt sind endgültig versöhnt.“* – Eine nachdenkliche Pause entstand. *„ Es wird auch dort weiterhin Gottesdienste geben. Denn ein Grund bleibt bestehen, die Freude an Gott.“*

Johannes lässt einen Blick in den Himmel tun. Dort wird Gottesdienst in himmlischem Glanz, in himmlischer Freude gefeiert. Einerseits fasziniert diese geballte, stimmige, ungetrübte Festlichkeit. Andererseits ist sie weit weg. Wie gut, dass mit Weihnachten wenigstens etwas vom himmlischen Glanz auf Erden aufleuchtet. ***„Und die Klarheit des Herrn leuchtete um sie.“*** (Lk. 2, 9) Licht fällt auf Hirten, heller Glanz legt sich um sie und birgt sie. – Wie gut, dass mit Weihnachten etwas der himmlischen Freude auf der Erde angekommen ist. ***„Siehe, ich verkündige euch große Freude, die allem Volk widerfahren wird, denn euch ist heute der Heiland geboren.“*** (Lk. 2, 10) – Freude allem Volk, allen Völkern. Im Himmel herrscht freudige Einigkeit. Auf Erden sind wir davon noch ein ganzes

Stück entfernt. Die Völkerwelt streitet. Es wird um Verbindungen gerungen, wie wir es aus den EU-Verhandlungen kennen. Völker geraten in Konflikte. Ablehnung wird ausgesprochen. Wie unsinnig verachtend ist diese irakische Stimme, die Israel radikal verneint. Die Völker freuen sich recht wenig aneinander. Nicht ein Mal die christliche Völkerwelt ist sich grün.

Himmlischer Glanz, himmlische Freude ist in unserer Welt aufgebrochen. In der Geburt eines Kindes sind sie zu vernehmen. Sie warten auf Vollendung. In einem Stall ist der Anfang gemacht. Er muss zu einem guten Ende gebracht werden. Johannes schaut die Vollendung, schaut das gute Ende. Setzt sie ins Bild. Setzt uns damit ins Bild.

Die Jüdin Janina David hat ihre Kindheit im Warschauer Ghetto aufgeschrieben. Sie schildert, wie sie als Kind in einer fast dunklen Kammer eingepfercht vor den Nazis versteckt wurde. Inmitten ihrer Ängste, ihrer inneren und äußeren Nacht, gab es nur ein winziges Fenster. Ein bisschen Himmel war zu sehen. Danach nannte sie ihr Buch: *„Square of sky – ein Stück Himmel“* (Anm. Janina David „Ein Stück Himmel. Erinnerungen an eine Kindheit“, dtv, München 2000).
Der Ausblick auf dieses Himmelsfleckchen hat sie überleben lassen. Im gelegentlichen Himmelsblau, im schwachen Himmelslicht sah sie eine Welt, in der das Böse aufhört. Sie hat dem entnommen, es wird eine Zeit kommen, in der sie unter freiem Himmel leben kann und darf.

Bilder haben Macht. Manche von ihnen können wir nicht vergessen. Sie stehen immer und immer wieder auf. Tragische Bilder, die uns nicht los lassen. Sie beschweren Gedanken und Seele. Herrliche Bilder, in denen wir uns gerne aufhalten. Sie machen uns das Leben lieb und leicht. Weihnachten hat seine Bilder.
Bilderreiches Weihnachten. In ihnen sind himmlischer Glanz und himmlische Freude geerdet. Sie fallen auf die Wirklichkeit wie sie ist. Auf vom Leben gezeichnete Menschen. Vergrämte Menschen, verbittert, vernachlässigt, bedroht. Die Hirten sind weder glückliche noch feine noch angenehme Leute. - Der Glanz und die Freude des Himmels durchziehen eine gebrochene Welt mit Gegensätzen und Armut. Der Stall ist alles andere als eine heimelige Behausung. Eine immer wieder ungeordnete Welt bekommt vom Glanz des Himmels ab. In dieser Welt regt sich Freude. Aus jenen, die von keinem gelobt werden, bricht es heraus: ***„Und die Hirten kehrten wieder um, priesen und lobten Gott für alles, was sie gesehen und***

gehört hatten" (Lk. 2, 20). Die Umwertung aller menschlichen Wertungen hat begonnen. Sie ist im Gange.
Diesen Bildern wird ein weiteres hinzugefügt. Vollendete Freude und Glanz im Himmel. Vereinte Völkerwelt. Gemeinsames Lob aller. Lob aus dem Munde derer, die auf Erden nichts zu lachen hatten. Geschunden, verfolgt, gedemütigt. Verjagt, missachtet. Jetzt weiß eingekleidet, gewandet. Ihnen begegnete das Kind als Lamm. Die unbeugsame Stärke seines Leidens und Liebens. Das Ehre sei Gott in der Höhe ist zuerst ein Ehre sei Gott in der Tiefe. In den Abgründen aller Menschen. In den Brüchen untereinander ein Beben, ein Funkeln, ein Glitzern, ein Singen und Klingen.

Der Blick auf die Krippe wird erweitert. Ausblicke zeichnen sich ab. Weitblicke greifen. Durchblick stellt sich ein. Einblicke in Gottes vollständige Wirklichkeit. Was die Nacht hell macht und Ermattete glänzend will sich ganz durchsetzen. Wird zur letzten großen Wirklichkeit Gottes. Der Blick in den Himmel lässt auf Erden leben. Ohne dieses Bild wird der weihnachtliche Glanz ganz schnell wieder blass und stumpf. Ohne dieses Bild ist alle weihnachtliche Freude kurzlebig. Dieses Bild hält sie aufrecht. Verleiht ihnen Nachdruck in uns. Lässt uns dem folgen, Glanz ins Leben zu bringen. Freude am Leben zu bewahren und zu verbreiten so sehr es nur geht.

Es stimmt, im Himmel wird Gottesdienst gefeiert in strahlendem Glanz, in reiner Freude, mit uneingeschränktem Lob. Der himmlische Gottesdienst lässt uns auf Erden Gottesdienste feiern. Sie sind ihrerseits von Glanz, Freude und Lob geprägt. Denn durch jenes Bild wissen wir, Glanz, Freude, Lob täuschen nicht über die Welt hinweg. Ergriffen vom himmlischen Gottesglanz sehen wir, wo er fehlt und verwehrt wird. Erfüllt vom himmlischer Freude, vermögen wir Freudlosigkeiten zu mindern. Bewegt vom Gotteslob sind wir hellhörig für alle Misstöne im Leben. In unseren Gottesdienst sind Glanz, Freude und Lob verortet. In ihnen wird Geschehenes heute wirksam. Und unsere Gegenwart empfängt zugleich Gottes Zukunft.

Bilder haben Kraft. Sie geben uns Kraft. Sie fügen Kräfte in uns ein. Dieses Offenbarungsbild bekräftigt den Glanz, die Freude, das Lob Gottes. Es gibt sie in uns hinein. Jeder Gottesdienst sorgt dafür, dass sie uns erhalten bleiben. Dass sie anhalten und uns halten. Dass sie andauern und uns Dauer verleihen.
Amen.

c) „Kleines wird groß" (*Mi.5, 1-4)*

Liebe Gemeinde.

Darf's ein bisschen mehr sein? – Zu Weihnachten schon. Der Einzelhandel vermeldete gestiegene Umsätze. Die Geschenkfreude hat wieder zugenommen, war zu hören und zu lesen. Der Gabentisch am Heiligen Abend bestätigte es. - Wir tischen auf und lassen uns manches schmecken, was es nur zu Weihnachten gibt. Guten Gewissens öffnen wir eine besondere Flasche Wein. Weihnachten hat seine Größe. Wir genießen das gerne ohne zu übertreiben.

Weihnachten zählt schon zu den großen Festen des Jahres. Ich musste an eine meiner liebsten Weihnachtslegenden denken.

Zu den damaligen Hirten gehörte auch der alte Samuel. Er kannte seine Propheten. Die großen wie Jesaja und Jeremia. Aber auch die kleineren wie Micha. „Er wird kommen", hatte er bei ihnen vernommen. „Gott wird ihn schicken, den Messias, den König zum Heil aller." Samuel war zutiefst davon überzeugt. Jona, sein Enkel, spürte die innige Erwartung des Großvaters. „Wann wird er kommen?", fragte er ihn. „Bald", antwortete der Alte. – Die anderen Hirten lachten. Das sagst du schon seit Jahren", spotteten sie. – Nur Jona hing weiter an Samuels Lippen. „Wird er eine Krone tragen?" – „Ja!" - „Wird er ein Schwert haben?" – „Ja!" „Wird er mit einem purpurnen Mantel bekleidet sein?" – „Ja!".

Das zieht sich durch die Jahrhunderte. So sind wir Menschen. Wenn einer kommt zum Heil der Welt, dann muss er Größe haben. Er muss prächtig, herrschaftlich und von imponierender Persönlichkeit sein. Wir sind aufs Große versessen und möchten alles Kleine, von kleinkariert bis kleingläubig am liebsten abstreifen. Es reicht, dass wir uns selbst zu den kleinen Leuten rechnen. Die Welt braucht Großes.

„Er wird kommen!"- Jona vertraute den Worten des Großvaters. Er wird ein Großer sein. Und Jona holte seine Hirtenflöte hervor." Ich werde ein Lied einüben. Ich werde es ihm vorspielen, wenn er kommt. Und er wird es mir lohnen. Er wird mich mit Gold und Silber beschenken." - „Und wenn er kein gewaltiger König sein wird, wirst du ihm dein Lied dann auch spielen?" –„Nein!", kam es prompt und energisch aus Jonas Mund.

Gott kann doch nicht ärmlich sein. Ärmliches und Dürftiges gibt es genug. So war es auch zu Zeiten Michas als Israels Nordreich gefallen war und die Menschen in ihrer zerstörten

Heimat saßen. – Wer die Augen nicht verschließt, bemerkt, das hat angehalten. Die Schatten sind unübersehbar. Das Tragische hört nicht auf. Es zieht sich durch Familien und zerfurcht die Welt. Es stimmt, ein Großer muss kommen, um die Welt zu heilen.

Auf Bethlehems Hirtenfelder kam jene Nacht der Nächte. Inmitten der Nacht erklang die helle, die ersehnte Botschaft: ***„Euch ist heute der Heiland geboren“*** (Lk. 2, 11). - Jetzt ist er da, von dem die Propheten kündeten, an dem der Großvater und Jona festgehalten hatten. Er ist da, Bethlehem, das war doch Michas Ortsangabe. Und dann rannte Jona los. Die Flöte hielt er fest in seiner Hand. Er lief so schnell er nur konnte. Er war dort, noch ehe die anderen und Großvater ankamen. – Jona blieb erschrocken stehen. Ein Stall, kein Palast. – Ein Kind, kein königliches Kind. Eine Krippe, keine Wiege. Zwar stolze, dankbare Eltern, kein Hofstaat. – Den Hirten reichte das. Sie wurden still. Nur Jona nicht. Er wandte sich trotzig ab. Sein Lied! Nein, für ein Krippenkind hatte er sein Lied nicht geübt. Alles Bitten half nichts. Plötzlich weinte das Kind in der Krippe.

Da kann es einer nicht fassen, dass Gott sich so klein macht. Vielleicht haben auch wir uns noch nicht richtig daran gewöhnt. Bethlehem, ein kleiner Ort am Rande der Zivilisation. *„Und du Bethlehem, die du klein bist unter den Städten in Juda.“* Keine Metropole. Kein Zentrum, wo Weltpolitik gemacht wird. Ein kleiner Ort und ein kleines Kind. Ist das genug, um die Welt zu verändern? Jedenfalls wird die Welt auf den Kopf gestellt. Wir lieben Großes. Und Gott liebt das Kleine. Gott hat eine Schwäche für alles Kleine in seiner Welt. Gottes Herz schlägt für alle, die klein sind, klein gemacht werden, wenig geachtet sind, denen übel mitgespielt wird, die verachtet werden. Eigentlich müsste uns kleinen Leuten das Balsam für unsere Seelen sein.

Das Kind in der Krippe weinte, wird in der Legende weiter erzählt. Niemand vermochte es zu beruhigen. Sein Weinen erweichte Jona. Er setzte seine Flöte an, spielte sein Lied und näherte sich damit der Krippe. Das Kind hörte zu weinen auf und lächelte ihn an. Es schenkte ihm weder Gold noch Silber, doch sein Lächeln.

Gott lächelt uns Menschen in einem kleinen Kind zu. Gott, der bis heute, meine ich, so manche Träne über uns vergießt, weil wir seine Sprache überhören. Gott beschenkt die Welt mit einem kleinen Kind. Stärker kann nicht ausgedrückt werden, wie sehr er uns als Menschen schätzt. In einem kleinen Menschenkind atmet Gottes Wahrheit, jedes

Menschenleben lieb zu haben. Sein Kind, das erwachsen wird, wird Worte sagen, die heilen. Er weidet mit dem Einsatz seines Lebens und umarmt darin alle, die in Krankheit, in Trauer, unter Gewaltausübungen unbeheimatet geworden sind. Er weidet und eröffnet neues Leben.

„Er wird der Friede sein", weiß ein Micha zu sagen. Er ist unser Friede. Friede, weil Gott niemanden vergisst. Friede, weil von Gott beachtet und geachtet. Friede, weil versöhnt mit Gott und unendlich geliebt. Friede, weil von der Sorge befreit, Gott gefallen zu müssen. Frieden, der selbst im heutigen Bethlehem kleine Spuren setzt. Jüngst in einem Fernsehbericht gesehen. Da fangen einige palästinensische und jüdische Kinder an, miteinander Fußball zu spielen. Es werden immer mehr. Niemand kann sie aufhalten, weder die Väter noch die Rabbiner noch die Imame. Alles Wehren und Rufen nützt nichts. Sie spielen.

Weihnachten ist tatsächlich ein großes Fest. Großartig, dass Gott sich uns in einem kleinen Kind erklärt. So groß denkt Gott von uns kleinen Leuten. Gott war und ist immer für das Kleine. Er erwählte sich das kleine Volk Israel, das kleine Bethlehem, ein kleines Kind. Und darin geschieht das Größte, was wir und die Welt empfangen können, Liebe und Frieden.
Amen.

4. Altjahrsabend

a) „Stille" (*Jes.30, 15-17*)

Liebe Gemeinde.
Stille sein. - So ganz still sind wir an diesem Abend sicher nicht. Zu sehr hat uns die Katastrophe in Südostasien durcheinander gebracht. Zu stark treffen uns die täglichen Bilder menschlichen Leids. - Ganz still sind wir nicht. Immerhin lassen wir ja ein Jahr zurück. Es ist ein weiteres Lebensjahr, uns zur Verfügung gestellte, kostbare Zeit. Obwohl wir während des Jahres verschiedentlich erschrocken bemerkten, über die Zeit selbst verfügen wir nicht. – 366 Tage persönlicher Lebensgeschichte. Sie wurde mit eigener Hand und von fremden Händen beschrieben. Wir sind ja immer in die gesamte Weltgeschichte einbezogen. In diese sind wir immer mehr hineingeknüpft.

Völlig still sind wir nicht. Einerseits durchaus erleichtert, das Jahr geschafft zu haben und soweit munter zu sein. Womöglich hat es danach gar nicht immer ausgesehen. Anderseits liegt dunkel über jedem Jahr, die Lebenszeit vergeht unaufhaltsam. Wer kann das still hinnehmen? Ein Jahr redet. Erlebtes lässt sprechen. Es bewegt innerlich. Glückliches erzählen wir immer wieder locker und mit leichter Zunge. Unerledigtes beschäftigt. Wir konnten wieder nicht alles erreichen, was wir uns vorgenommen hatten. Wunsch und Wirklichkeit klaffen auseinander. Das Leben blieb uns manches schuldig. Wir sind einander dies und das schuldig geblieben. – In uns sind verschiedene Stimmen. Sie sind stimmig und streiten gegeneinander. Ein Jahr kann nicht einfach schweigend abgelegt werden. Ein Jahr macht nicht nur still. Im Gegenteil. Es ist schwer, ständig still zubleiben.

Jesaja ist das keineswegs fremd. Wer kann still sein, wenn Gefahren aufziehen. Bedrohliches nah und näher kommt. Wenn auf die Pferde gesetzt wird, die am schnellsten zu sein scheinen. Bis sich herausstellte, doch aufs falsche Pferd gesetzt zu haben Wenn Strategien entworfen werden, um ganz alleine sich selbst zu retten. Wenn alle Warnungen in den Wind geschlagen werden. Davon redet Jesaja. Und wir fühlen uns davon merkwürdig angesprochen als wär's aus unseren Tagen genommen. — Es ist so gut wie unmöglich still zu bleiben angesichts der Terrorakte, der Scheußlichkeiten, der Anmaßungen, die gewesen sind, die weiter schwelen. Solches erstickt, nimmt einem die Worte. Innerlich wühlt es auf. In einem ist zornige Empörung und Unruhe. Anderes macht bestürzt, traurig, sprachlos, wie jetzt die Naturkatastrophe in Südostasien. Unerklärliche Todesstille. --- Es gelingt nicht, immer still zu sein. Es darf auch gar nicht zu allem geschwiegen werden. Manchmal wussten wir was zu sagen ist und manchmal nicht. – Es ist schwer, still zu sein, als einen Freudiges packte, Gelingen sich einstellte, es in einem lachte und sang. Wir können weder das Schwierige noch das Fassungslose noch das Betörende in uns verstecken, für uns behalten. Was wäre, wenn wir alle nur mit uns selbst abmachen müssten? Solches Stillsein ist weder angebracht noch gesund. Es ist durchaus richtig, dass wir geredet und geklagt haben, uns stumm beredt in die Arme nahmen, einander wärmten, uns zulachten, weinten ,gesprächig beisammen saßen, heiter und ernst und kontrovers diskutierten. Es macht Sinn, deutlich zu werden, zu protestieren. Auch wenn dabei mal zuviel gesagt wurde, wir's hinterher bereuten und nicht von allen verstanden worden sind.

Es geht gar nicht, stets still zu sein. Gerade deswegen ist es so dringend, Ruhe zu finden. Gefasste Herzen, Seelen und Gedanken zu bekommen. Darum ist es nötig, davor bewahrt zu werden, über allem den Kopf zu verlieren. Wie nur können wir aufhören, uns mühsam selbst zu beruhigen. Ablassen von den Täuschungen, mit denen wir uns umgeben. *„Wenn ihr umkehret und stille bliebet, so würde euch geholfen. Durch Stillsein und Hoffen würdet ihr stark sein. Aber ihr wolltet nicht."* - Umkehren. Sich der Zeit zuwenden. In sie einkehren. Nicht weiter von einem Jahr ins andere hetzen. Sich nicht von diesem ins nächste Jahr treiben lassen. - Stille sein, innehalten. Die Zeit lässt sich nicht anhalten. In ihr kann jedoch inne gehalten werden. Die Zeit Gott hinhalten. Dabei Jesaja widersprechen. Doch, wir wollen still sein, das Hoffen lernen und stark werden. Darum sind wir am Altjahrsabend hier im Gottesdienst zusammen. Wir halten ein und schütteln das Jahr nicht einfach ab. Decken es nicht eigenmächtig, eigenwillig mit unseren Ansichten und Beschwichtigungen zu. Uns liegt daran zu klären, was angesichts dieses Jahres in einem selbst vorgeht. Fröhliches ist dankbar in uns zu bewahren und das andere ist zu bearbeiten. Wir möchten schauen, was wahr ist und was uns wirklich trägt. Gott, der die Zeit nicht aus seinen Händen gibt. Der in der Geburt Jesu in alle Zeit eingegangen ist und in ihr gegenwärtig bleibt. In ihm ist alle vergängliche Zeit ganz zu seiner Zeit geworden. Auch die Trauer ist sein, die einen an einem Abend wie heute ergreift. Die Trauer, die nach wie vor in uns ist, weil wir liebe Menschen vermissen. Die wir angesichts des schrecklichen Sterbens in dieser Welt empfinden. -- Gott ist in der Zeit. Darum kommen wir mit den Ungereimtheiten der vergangenen Monate bei ihm an. -- Gott begegnet in der Zeit. Darum gibt es die Gnade, die ehrlich auf die Versäumnisse und dem Gelingen des Jahres eingehen lässt. Alle eigene Zeit ist von Gott getragene Zeit. Das bewahrt kopflos zu werden, wo einem doch mancherlei unterlaufen ist, das nicht ungeschehen gemacht werden kann. -- Alle Zeit hat ihre Verlässlichkeit in Gott. Das Weltgeschehen gibt Rätsel auf. Vieles in 2004 bleibt erschütternd grausam, unmenschlich. Das wirft Fragen auf. Wir können nicht fraglos leben. Es ist uns erlaubt, uns fragend bei Gott unterzubringen. — Umkehren, still sein, das sind innere Haltungen. In ihnen bekommen wir es mit Gott zu tun. Das Leben beginnt in der Stille und aus der Stille heraus zu reifen. Hinhören auf das rettende Wort. Es redet von der Liebe und dem Frieden, die Gott aller Zeit eingestiftet hat. Er hält sie gegen Bruchstücke und Unbegreifliches aufrecht. Allem Innehalten bei Gott ist eingeschrieben, wir werden in unserer eigenen Lebenszeit anders als bisher ankommen. Wir sehen uns als Menschen, die mit Gottes Hilfe nicht länger getrieben und unfrei sind. Sondern Menschen, die um ihre Zeit mit den Möglichkeiten zu lieben und Frieden zu schaffen und mit den eigenen Grenzen zu leben wissen . Inne halten und gestärkt aus dem Gewesenen hervorgehen. Stark ins Kommende hineingehen. Weil Gott weiter anwesend sein wird.

Draußen ist es jetzt noch recht still. Das wird sich im Laufe der Nacht ändern. Es wird trotz allem laut und lauter werden. Das ist ein Stück unserer eigenen Welt, in der es oft viel zu laut und zu lärmig ist. Im Lauten, im Licht der Feuerwerkskörper sind Freuden und Ängste miteinander vermengt. Dazwischen läuten Kirchenglocken. Sie sind der andere Ton in dieser Nacht. Sie verbreiten den Klang Gottes, der mit uns in der Zeit ist. Sie leiten zur Besinnung an. Unsere Kirchenglocken sind werktags und sonntags zu hören. Sie breiten täglich über unserem Dorf aus, umzukehren, einzukehren, einzuhalten und zu hoffen. Dadurch werden wir stark. Und das möchten wir doch nicht nur heute, sondern anhaltend an Liebe und Friedensfähigkeit erstarken. Das wollen wir doch, eine starke Gemeinde im Ort sein, in der Liebe und Frieden zu Hause sind. Von der teilnehmende Liebe und Frieden ausgehen.
Amen.

b) „Bleiben" *(Joh. 8, 31-36)*

Liebe Gemeinde.
„Wirklich schon wieder ein Jahr vorbei?" – singt Reinhard Mey in einem seiner Chansons. Damit trifft er die Gestimmtheit dieser Stunden. Dann fährt er fort: „Ist also morgen schon heut. Bin immer noch, der ich war." – Bin immer noch, der ich war. Ich zögere. Stimmt das? Bin ich tatsächlich noch derselbe wie am Jahresanfang? Haben die Tage und Nächte des Jahres nicht doch einen anderen aus mir gemacht? Mit so einem Jahr ist es durchaus merkwürdig. Einerseits hat sich mir einiges eingeprägt. Es wird immer zum Jahr 2006 gehören, damit untrennbar verbunden sein. Andererseits war ich bei manchem Jahresrückblicken überrascht, wie vieles bereits vergessen ist. – Was bleibt eigentlich? Das beschäftigt mich heute Abend. Eindrücke sind da. Denn Etliches hat sich meinen Gedanken, dem Herzen, der Seele ganz tief eingedrückt. Es gehört zu mir wie der Jahresring zu einem Baum. Anderes huschte wie ein Windhauch an mir vorbei. Flüchtig, ohne Spuren zu hinterlassen.
Was bleibt? Jesu Gespräch kreist ums Bleiben. ***„Wenn ihr bleiben werdet an meinem Wort, so seid ihr wahrhaftig meine Jünger"*** (Joh. 8, 31). Ein Jahr verändert sich. Auf den Frühling folgten Sommer, Herbst, jetzt ist es Winter. Ein Jahr verändert mich. Die Zeit fließt. Ich bin ein weiteres Jahr älter geworden. Meine Lebensgeschichte wie die Weltgeschichte wurden fortgeschrieben. Politische Reformen sind eingeleitet worden. Ich verstehe davon nicht alles.

In einem Jahr geschieht viel. Umso aufmerksamer höre ich: In seinem Wort kann geblieben werden. Sein Wort bleibt und gibt mir Bleibe. Worte können wie ein Zuhause sein. Sie behausen. Danach ist mir in den fortlaufenden Veränderungen, in der stets vorhandenen Zeitlichkeit. Im ständigen Wandel, den einige reizvoll begrüßen als sei nur das stets Neue lebenswert. Andere werden vom dauernden Wandel verunsichert. Ich schätzte es, dass es Bleibendes gibt. Sein Wort. Beständiges schützt. Es relativiert die dauernden Anforderungen. Es beruhigt das aufgeregte Suchen, wer ich bin. - Sein Wort beheimatet. Es stellt sich in der Zeit ein und begleitet Es sind Worte wie diese:

„Ich bin das Licht der Welt", sagt er (Joh. 8, 12). Helle, freundliche Worte erreichten mich. Gespräche, die klärten. Menschen konnten in einem neuen Licht gesehen werden. Augen leuchteten, in ihnen blitzte verschmitzter Schalk. Es ist nach jeder Nacht Morgen geworden. Ruhe im milden Licht des Abends. Wunder der Schöpfung.

„Ich bin das Brot des Lebens", (Joh. 6, 35) teilt er mit. Das teilt er aus. Gestillter Hunger. Eine Freundschaft, die auflebte. Jenes Dankeschön, das so herzhaft schmeckte. Gegebenes, dargereicht, angenommen und es kam an. Sein Abendmahl, in dem Gemeinschaft aufblühte. Zufriedenheit, die sich einstellte. Jene Überzeugung, das war recht so.

„ Ich bin die Tür", (Joh. 10, 9) spricht er aus. Verfahrenes hat sich geöffnet. Die Schritte aufeinander zu glückten. Eine bahnbrechende Einsicht. Verständnis, das echt war und nicht aufgesetzt. Eine offene Auseinandersetzung. Endlich wurde gesagt, was schon lange zu sagen war.

„Ich bin der gute Hirte" (Joh. 10, 11). Ein Arm legte sich um mich. Ein heilvolles Schweigen, so dass nicht wieder zuviel zerredete wurde. Unerwartete Zuwendung. Bewahrung, die einem geschenkt wurde. Jemand, der für einen eingestanden ist. Parteinahme und der Gegenwind warf einen nicht um.

Sein Wort bleibt. ***„Ich bin der Weinstock, ihr seid die Reben"*** (Joh. 15, 5). Verbundenheit, die fester und verlässlicher geworden ist. Fruchtbares Handeln. Worte gingen auf. Einsatz, der sich lohnte. Erfreuliche Vielfalt von Früchten. Welche fröhliche Buntheit in seiner Kirche herrscht. Gegensätzlichkeiten, die sich ertragen konnten.

Sein Wort: ***„Ich bin die Auferstehung und das Leben"*** (Joh. 11, 25). Trost, wo nichts mehr ist wie es war. Ausgesprochener Schmerz, geweinte und dann getrocknete Tränen. Eine Brücke über den Abgrund. Abbrüche, die das Leben nicht aufhalten konnten. Krankheit, in der das Wachsen größer war als das Abnehmen. Gemeisterte Strapazen. Wohlige Erschöpfung. Lachen nach durchschrittener Talsohle. Versöhnung. Gesundung.

In einem Jahr verändert sich einiges, manchmal sogar viel, um einen, in einem, an einem. Das allerdings ist unveränderlich: ***„Wenn ihr bleiben werdet an meinem Wort, so seid ihr wahrhaftig meine Jünger“*** (Joh. 8, 31). Das verkleinert die Angst, die in den oft zu rasanten Veränderungen da ist. Es entspannt mein angestrengtes Ringen, wer ich denn im Fluge der Zeiten bin. Sein Wort gibt Bleibe, gibt Gewissheit. Es erschließt, heilt, deckt auf, macht ruhig, öffnet, rückt zurecht, bedeckt.

Das Jahr 2006 ist wirklich fast schon wieder vorbei. Ich bin an der Schwelle vom alten zum neuen. Unterwegs und dennoch daheim. Sein Wort gewährt mir Wohnung im Fluss der Zeit. Er hält mir die Wahrheit seiner Worte wie einen Mantel hin. Ich kann hineinschlüpfen. Wahrheit kann weh tun, lieblos und anmaßend sein. Wir fürchten uns vor ihr, vor der Diagnose des Arztes. Wir sehnen uns nach Wahrheit, damit die Zweifel beseitigt sind, das Versteckspiel aufhört. Niemand besitzt die letzte Wahrheit. Nicht ein mal die, die sagen können: ***„Wir sind doch Abrahams Kinder“*** (Joh. 8, 33). Seine Wahrheit befreit. Sie legt sich gnädig um uns. So dass wir uns selbst und einander in die Augen schauen können. Ja, es ist nicht alles gelungen. Wir spürten Zwänge, die einengen. Wir wollten uns mehr umeinander kümmern und haben's nicht geschafft. Es ist wieder manches liegen geblieben. Es ist in jedem Jahr einiges dabei, das uns entfremdet, stört, trennt. Wir bringen aus jedem Jahr etwas mit, das wir bedauern, das uns leid tut und innerlich plagt. Bruchstücke eines Jahres. Seine Wahrheit weckt Einsicht in die eigene Befindlichkeit, in die Sünde. Davon macht seine Wahrheit frei. Welch ein Gewinn, ich kann das Jahr sein lassen, was es war. Der Drang, sich selbst zu rechtfertigen, weicht. Rechthaberische Streitereien erledigen sich. Freiheit ist nicht erst über den Wolken grenzenlos, wie Reinhard Mey auch singt. Sie ist es auf Erden, in der Verbundenheit mit ihm. Im Hause seiner Worte. Angesichts seiner Wahrheit, dass Gott mich bejaht. Uns liebt wie Söhne und Töchter, die ihr Licht und ihre Schatten haben.

„Bin immer noch, der ich war.“ Nein, ich bin nicht mehr haargenau derselbe wie am Jahresbeginn. Wer so bleiben will, wie er ist, der bleibt nicht, sagt ein Sprichwort. Veränderungen sind unausweichlich. Sie sind ertragbar. Denn ich habe meine Bleibe in seinem Wort. Wir haben sie in seiner Wahrheit, die darin ausgesprochen wird. Wir feiern und genießen sie in seinem Mahl.

Amen.

5. Epiphanias - „Hochzeitliche Fülle“ *(Joh. 2, 1-11)*

Liebe Gemeinde.

Er wird der schönste Tag im Leben genannt. Jedenfalls war's bereits jetzt wieder so in der Heilbronner Stimme zu lesen. Es stimmt durchaus. Hochzeit ist ein ganz besonderer Tag. Er wurde schon immer sehr sorgfältig vorbereitet. Heutzutage gibt's dazu eine Menge Bücher und im Internet ganze Hochzeitsplaner. Bei der Hochzeit soll nichts dem Zufall überlassen werden. Manchmal spüre ich bei Paaren eine heimliche Furcht: Hoffentlich geht nichts daneben, hoffentlich passt in der Kirche und beim weiteren Feiern alles zusammen. Es ist wahr, an so einem hoch besetzten Tag sind Menschen besonders empfindsam. Bloß keine Panne. Das wäre fatal.

Bloß keine Panne! Das haben sich jene in Kana bestimmt auch gewünscht. Und dann passiert es, der Wein geht aus. Da wurde an alles gedacht, was in der jeweiligen Zeit möglich ist. Alles wurde vorbereitet und dann dies. Das ist nicht bloß peinlich. Das kann unheimlich viel zerstören. Trotz allem Planen geht etwas schief und daneben.

Das scheint eine Grunderfahrung unseres Lebens zu sein. Plötzlich reicht etwas nicht. Etwas geht zur Neige. Mangel bricht aus, Mangel stellt sich ein. Uns geht manches aus. Manchmal reicht die Geduld mit den Kindern nicht. - Dann mangelt es uns an Zeit, morgen erledige ich das ganz bestimmt. - In manchen Lebensphasen geht der Schwung verloren, die Hoffnung nimmt ab. - Es mangelt an gegenseitigem Verständnis oder auch an Offenheit.

Es reicht nicht. Da mangelt es an Ehrfurcht und in der Welt ist die Gerechtigkeit oft genug ein Mangel. Es mangelt am Frieden, wie es im Nahen Osten zu sehen ist. Dann wieder fehlt Frieden im eigenen familiären Bereich. Es fehlt am inneren Frieden, damit an Zufriedenheit. Nicht mal die Liebe ist vor Mangelerfahrungen geschützt. Es kann durchaus sein, dass die Liebe ausgeht und fehlt.

Mit der Geschichte werden wir daran erinnert, dass so gut wie alles ausgehen kann. Sozusagen weg geht, untergeht. Sich Mangel und Leere einstellen. Die Hochzeitsfreude ist bedroht, die Lebensfreude wird dünn. Wir fürchten uns vor dem, dass etwas zur Neige geht und letztlich womöglich völlig ausgeht.

Maria, die Mutter Jesu, sieht das kommen. Sie meint es gut. Er aber weist sie recht schroff zurück. Maria tut mir ein bisschen leid. Mir tun alle Menschen leid, die etwas richtig sehen, es verhindern wollen und damit nicht ankommen. Manchmal tut es mir selbst weh, wenn ich etwas anstrebe und dann auf Ablehnung, auf eine abweisende Haltung treffe.

„Meine Stunde ist noch nicht gekommen", antwortet Jesus. Was mit ihm in die Welt kommt, ist noch nicht erfüllt. ***„Das Wort ward Fleisch und wir sahen seine Herrlichkeit"***, beginnt das Joh. Ev. (Joh. 1, 14). Dieser Herrlichkeit leuchtet noch nicht genug. Sie durchstrahlt noch nicht alles. Sie wird erst mit und am Kreuz Jesu vollendet. Dort wird laut: ***„Es ist vollbracht"*** (Joh. 19, 30). Jesus kennt menschlichen Mangel. Dieser Mangel ist abgrundtief. Gott liegt daran, auf allen Mangel des Lebens einzugehen. Auf jeden Mangel, der sich einstellen kann und einstellt. Auf alle Mängel, die wir an uns selbst und in der Welt wahrnehmen. In Jesus ist Gottes ganze erfrischende, erneuernde, herrliche Lebensfülle da. Durch Jesus empfangen wir die ganze Fülle Gottes. Das verwandelt. Aus Wasser wird Wein. Leere bleibt nicht Leere. Alle eigene Lieblosigkeit wird von der Fülle seiner Liebe überwältig. – Mangelnde Geduld verwandelt sich in Toleranz mit anderen und gegenüber anderen. Mit den eigenen Kindern ebenso wie mit den Menschen bei uns. – Jede Friedensmangel kann durch seine Friedensfülle überwunden werden. Unser Mangel an Gnade wird durch seine Gnade aufgehoben. ***„Aus seiner Fülle haben wir alle genommen Gnade um Gnade"*** (Joh. 1, 16).

In ihm ist die ganze Fülle. Sie reicht für alles, was uns oft knapp wird oder gar ausgeht. Sie verwandelt unsere Heillosigkeit in Heil. Sie bringt unseren Mängeln ein unerschöpfliches Maß an Vergebung. Sie verwandelt selbst den Tod in Leben. In ihm ist die Lebensfülle, die wir oft genug suchen und brauchen. Verwandelnde Fülle, keine Zauberei, die aus Wasser Wein macht. Fülle, in die wir hineingreifen können, damit die Herzen und Gedanken von ihm, von seiner Liebe, von seinem Frieden, von seiner Gnade, von seiner Barmherzigkeit, von seiner Vergebung erfüllt werden. Damit niemand am Leben verzweifelt, sondern sich des Lebens freut. Von innen heraus, durch und durch überzeugt sich seines Lebens freut. Die Fülle seiner Herrlichkeit befruchtet unser Leben. Die Fülle seiner Lebenszustimmung verwandelt alles, was uns ausgehen will.

Vom Kirchenvater Hieronymus, der die Bibel ins Lateinische übersetzte (Vulgata, 347 – 420), wird erzählt: Ein Spötter rechnete ihm vor, dass Jesus auf der Hochzeit zu Kana über 300 l Wasser in allerbesten Wein verwandelt habe. Etwas hämisch meinte er, die Leute hätten doch schon einiges getrunken gehabt. Ob die Hochzeitsleute überhaupt in der Lage gewesen wären, diese weitere, große Weinmenge auszutrinken. – Hieronymus antwortete dem Spötter: „Nein, sie haben das nicht ausgetrunken. Wir trinken bis heute davon."

Das ist wahr! Von der Fülle, die wir in Jesus bekommen haben, trinken wir bis heute. Von seiner Fülle nähren wir uns bis auf diesen Tag und werden dadurch verwandelt.
Amen.

6. Passion - „Scherben": Eine Andacht mit symbolischer Handlung.

Gebet: Unser Gott, der Tag geht in den Abend über. Unruhig sind unsere Tage, voller Geschäftigkeit und Eile. Unruhig macht das Leid, von dem wir hören und lesen, das uns berührt und umtreibt. – Unser Gott, wir suchen Ruhe, innere Ruhe. Darum suchen wir dich auf. Du kommst uns entgegen in Jesus Christus. In ihm gibt's du dich uns zu erkennen als mitgehender, mitleidender und heilender Gott. Gib dein Heil, gib Jesu Heil in unsere Seelen.
Amen.

Aktion mit Gedanken

- Eine Kindheitserinnerung: Wie es kam, weiß ich nicht mehr. War's beim Spielen, war ich zu sehr in Gedanken oder zu übermütig. Der Krug/die Vase fiel zu Boden. Er/sie zerbrach in Scherben. Lauter Stücke. Entsetzen. Dann der Versuch, die Stücke wieder zusammen zu setzen. Nach einer Weile gab ich's auf. Ein unmögliches Vorhaben, aus all den Scherben wieder etwas Ganzes zu machen. Tränen kamen mir. Was werden Mutter und Vater sagen?
- Etwas zerbricht und geht in die Brüche. Zurück bleibt ein Scherbenhaufen. – Scherben, wie sie/ihr sie in die Hände bekommen habt. Betasten sie mit uns je ihre Scherbe. Zacken. Scharfe Kanten. Es ist möglich, sich daran zu schneiden, sich zu verletzen.
- Es tut weh, wenn etwas zerbricht das heil gewesen ist. Wie vieles kann in die Brüche gehen. – Werte zerbrechen und werden zerstückelt. – Ehen und Familien, Freundschaften gehen in die Brüche. Unser Wissen ist brüchig, was heute gilt ist morgen überholt. ***„Unser Wissen ist Stückwerk"***, schreibt Paulus (1. Kor. 13, 9). Unsere Worte sind brüchig, Wortbrüche geschehen.

- Scherben. Gebrochene Herzen, gebrochnes Vertrauen. Scherben lassen sich nicht einfach unter den Teppich kehren. Zusammengekehrt sind sie ein ganzer Scherbenhaufen aus Enttäuschen und Misstrauen. Aus Missverständnissen und Unachtsamkeiten.
- Scherben. Was zerbrochen ist lässt sich nicht einfach wieder kitten. Wenn es mal gelingt, bleiben trotzdem Risse und Sprünge zurück. Doch meistens halten wir ausschließlich Bruchstücke in unseren Händen.
- Eine Scherbe in unserer Hand, in unseren Händen. Wir fühlen sie. Wir fühlen ihr zur Musik noch etwas nach.

Biblische Lesung mit Aktion

(Vor der Lesung stellen sich einige um einen Scherbenhaufen. Erst dann beginnt die Lesung Joh. 8, 3-11)

- Wir hören eine biblische Geschichte. Sie wird im Johannesevangelium erzählt. Es ist die Geschichte, wie etwas in die Brüche geht und wie Heilung geschieht.

- Die Schriftgelehrten und Pharisäer brachten eine Frau zu Jesus, beim Ehebruch ergriffen, und stellten sie in die Mitte und sprachen zu ihm: 'Meister, diese Frau ist auf frischer Tat beim Ehebruch erwischt worden. Mose aber hat uns im Gesetz geboten, solche Frauen zu steinigen. Was sagst du?' - Das sagten sie aber, um ihn zu versuchen, damit sie ihn verklagen könnten.

- *Aber Jesus bückte sich und schrieb mit dem Finger auf die Erde. Als sie nun fortfuhren, ihn zu fragen, richtete er sich auf und sprach zu ihnen:' Wer unter euch ohne Sünde ist, der werfe den ersten Stein auf sie.' Und er bückte sich wieder und schrieb auf die Erde. Als sie aber das hörten, gingen sie weg, einer nach dem andere, die Ältesten zuerst.*

(Jetzt geht eines nach dem anderen vom Scherbenhaufen weg. Das muss sehr sichtbar und deutlich geschehen. Erst wenn alle weg sind, wird weiter gelesen.)

- *Und Jesus blieb allein mit der Frau, die in der Mitte stand. Jesus aber richtete sich auf und fragte sie: , Wo sind sie, Frau? Hat dich niemand verdammt?' - Sie antwortete: ‚Niemand, Herr.' - Und Jesus sprach:' So verdamme ich dich auch nicht; geh hin und sündige hinfort nicht mehr.'*

Spüren sie der Heilung nach, die in dieser Geschichte erzählt wird. Heilung, wie sie von Jesus ausgeht.

Heilung. Anklagen, Vorwürfe, Beschuldigungen, Vorhaltungen sind schnell gesagt. Sie helfen nicht.

Heilung. Erkenne dich selbst. Lass zu, dass du selbst nicht frei bist, Scherben anzurichten.

Heilung. Wer bleibt, wenn alle gehen, einen alleine lassen in den Brüchen des Lebens. Wer bleibt mit einem am Scherbenhaufen?

Heilung. Jesus bleibt.

Heilung. Auf dem Scherbenhaufen, auf Golgatha wird sein Kreuz errichtet. Zeichen für seine Gegenwart, wo alles in die Brüche geht.

Heilung. Aus seinem Kreuz spricht: „So verdamme ich dich auch nicht."

Heilung. Durch sein Kreuz wird uns ermöglicht: „Geh hin und sündige hinfort nicht mehr!"

Heilung *ist wie eine weiße, reine, blühende Rose.*

(Als Zeichen wir eine weiße Rose in den Scherbenhaufen gesteckt.)

Fürbittengebet:

Du, unser Gott, unerforschlich und zugleich nahe. Du ganz verständlich in Jesus Christus, dich bitten wir:

Lass uns auf Jesus Christus sehen und unser Leiden in seinem erkennen. Bewahre uns in der Kraft der Vergebung zu allen Menschen, auch wenn uns das immer wieder so schwer fällt.

Zeige uns, wie du uns Wege zueinander öffnest. Lass uns nicht zögern, diese Wege zu beschreiten.

Führe uns stets neu in die Stille mit dir, damit wir dich hören, damit wir dir mehr vertrauen und uns stärker auf dich verlassen.

Lass nicht zu, dass Gewalt und Trennungen gewinnen. Dass Zerschlagenes und Bruchstücke und Scherben bleiben. Gib, dass deine Lebenskraft, deine Geduld, deine Güte uns leiten.

Lass uns durch dein Kreuz Heilung finden. Heile, was uns zerbrochen ist. Heile, was in der Welt zerbrochen wird. Durch Kriege, Terror und Missachtung deiner Schöpfung.

Mach uns zu Helferinnen und Helfern deines guten Willens für alle Welt.

Amen.

7. Ostern - „Aufschließen“ (*Offb. 1, 17b.18)*

Liebe Gemeinde.

Gelegentlich gehe ich durch unseren Friedhof. Das habe ich auch vor diesem Osterfest wieder getan. Ich bin an Gräbern vorbei gegangen. Blieb manchmal stehen. Blickte auf Grabsteine, las Namen und Zahlen. Manche Gesichter tauchten wieder auf. Erinnerungen kehrten zurück, was ich da und dort von einem Menschen kennengelernt habe. An etlichen Gräbern bin ich gestanden und habe Worte gesprochen. Es ist gut, dass wir immer wieder auf Worte zurückgreifen können. Angesichts des Todes sind wir ja oft eigenartig wortarm und wortlos. Ich bin dankbar für die Worte:

„Christus spricht: Fürchte dich nicht. Ich bin der Erste und der Letzte und der Lebendige. Ich war tot, und siehe, ich bin lebendig von Ewigkeit zu Ewigkeit und habe die Schlüssel des Todes und der Hölle.“ (Offb.1, 17b.18)

Mit Schlüsseln ist es so eine Sache. Es ist wohltuend, am Abend die Haustür abschließen zu können. Jetzt ist wirklich Feierabend, Zeit für Muse, für Ruhe und für Schlaf. – Wer ein Tagebuch führt, schließt es gerne ab. Was darin steht, geht niemanden etwas an. Es gehört nur einem selbst. – Kostbarkeiten werden weggeschlossen und geschützt. – Wenn ich das Haus verlasse, fühle ich nach meinen Schlüsseln. Ich möchte bei der Rückkehr die Haustür aufschließen können. – Es kommt vor, die Schlüssel sind weg. Das regt auf und macht nervös. Hoffentlich wurden sie nur verlegt und sind nicht verloren gegangen. – Verschlossene Türen sind zwiespältig. Sie verunsichern. Sie machen neugierig. Was mag hinter der Tür sein?

Wir gehen zu Gräbern. Das Leben kann viele Jahre zählen, es ist abgeschlossen. Leben bricht ab. Es kommt uns so unabgeschlossen vor. – Der Tod nimmt. Eine Tür fällt ins Schloss. Niemand von uns vermag sie aufzuschließen. Alle müssen einmal den Raum des Todes betreten. Doch niemand weiß, was einen dort wirklich erwartet. Es ist verborgen, verschlossen. Angesichts dessen kommt Furcht auf. Niemand muss sich dessen schämen.

„Fürchtet euch nicht vor denen, die sagen, sie haben Angst. Fürchtet euch vor denen, die sagen, sie haben keine Angst."
Furcht begleitet unser Dasein. Ostern kennt diese Furcht. Etwa die Furcht vor dem Alleinsein. Die Furcht vor der Trauer, die so heftig sein kann. Trauer kann verschlossen machen. Sie kann einschließen. Ich denke an Jesu Jünger, die sich nach seinem Tod in ein Haus eingeschlossen hatten.

Ich brauche das, dass Jesus Christus sagt: *„Fürchte dich nicht."* Er stellt seine Sprache zur Verfügung, wo sie uns leicht verloren geht. Ich bin angewiesen auf seine Worte, die den Tod nicht lassen wie er ist. *„Ich war tot, und siehe, ich bin lebendig."* Seine Worte geben in die Vergänglichkeit Bleibendes hinein. *„Ich lebe von Ewigkeit zu Ewigkeit."* Er öffnet, was mir und uns noch verschlossen ist. *„Ich habe die Schlüssel der Hölle und des Todes."*

In Jesu Auferstehung schließt Gott uns den Tod auf, der uns noch so verschlossen ist. Ich werde den Tod deshalb trotzdem nicht verstehen. Muss ich ihn überhaupt verstehen? Ist es nicht genug, was uns durch Ostern aufgeschlossen wird?
Ostern wird zum Schlüsselerlebnis. Im Auferstandenen ist uns erschlossen, was wir allein durch ihn kennenlernen können. Es ist die Kunst, mit all den Begrenztheiten, die wir haben, zu leben. Es ist die Zusage, dass der Tod gewesenes Leben und unser eigenen Leben weder behalten darf noch wird.

Jesu Auferstehung erschließt uns Neues. Einige Spuren davon entdecke ich auf unserem Friedhof, auf den Grabsteinen. – Hinter einem Kreuz brechen Strahlen auf. Seit Jesu Auferstehung steht das Leid in einem anderen Licht.
Da ist die Zärtlichkeit einer Rose. Sie lässt an die Liebe denken, die den Verstorbenen gelten. Sie weist auf seine Liebe hin. Das gewesene Leben bleibt von ihm geliebt. Seine Liebe liebt das Leben endlos. Seine Liebe schafft es neu.
Blumen werden in die Graberde gepflanzt. Sie blühen. In ihnen wächst und leuchtet Gottes ganze Wahrheit auf. Uns allen blüht nicht alleine der Tod, uns allen blüht das Leben.
Ich sehe Grabsteine, die aufgebrochen sind. Darin sind Aufbrüche angedeutet. Das ist uns erschlossen, Leben bricht durch. Bricht sich Bahn, es bricht auf. Und Menschen, die traurig waren, brechen durch ihn aus ihrer Traurigkeit auf.

Da ist der durchsichtige Grabstein. Wie aus Glas. Als könnte durch den Tod gesehen werden. Ostern öffnet uns die Augen und lässt uns den Tod anders sehen. Eine neue Welt ist aufgetan. Dorthin sind wir unterwegs. Wir sind immer unterwegs zu Gottes vollendeter Welt. Ostern erschließt, Trauer kann und wird in dieser Welt nicht ausbleiben. Trauer ist kostbar. Er aber hat darin bereits das Wunder der Verwandlung eingelegt.

Wir gehen zu Gräbern und stehen an Gräbern. Es ist nicht alles verschlossen. Jesus Christus ist auferstanden. Seine Auferstehung eröffnet Zugänge zum Leben. Die Spuren sind da. Wir sehen sie. Wir tragen sie in uns. Denn dazu sind uns seine Worte gegeben. Mit ihnen werden Auferstehungsspuren, Lebensspuren in unsere Herzen gelegt.
Amen.

8. Pfingsten - „Begeisterung“ (*4. Mose 11, 11-12.14-17.24-25)*

Liebe Gemeinde.
Der Heilige Geist hat's nicht leicht. Im Glaubensbekenntnis steht er erst an 3. Stelle. Er hat zwar sein eigenes Fest, Pfingsten. Doch andere kirchliche Feste wie Weihnachten, Ostern oder Erntedank werden stets bevorzugt. Dabei ist er durchaus zu spüren. ***„Nur weht er halt, wo er will“*** (Joh. 3, 8). Mal fegt er durch Sportarenen und löst pure Begeisterung aus. Mal braust er in Konzertsälen, gelegentlich auch in Kirchen auf. Meistens ist dort dann etwas Besonderes los. Keine Frage, der Heilige Geist liebt die Leichtigkeit, die Bewegtheit und ist trotzdem schwer zu fassen. Wo er auftaucht geschieht Großartiges. Er schwebt über den Wassern und bringt Leben hervor. Dornbüsche lodern auf, Herzen beginnen zu brennen. Menschen werden Feuer und Flamme. Die von ihm ergriffen werden, wirken gerne ein bisschen übermütig und verrückt. Sie können sich mit dem Zustand der Welt nicht abfinden. Wo er ankommt, überrascht er mit Veränderungen, schafft Verständigung und stiftet Gemeinschaft. Einer der ärgsten Gegner des Heiligen Geistes ist der graue, ermüdende Alltag.

Das hat auch Mose erleben müssen. Sie waren schon lange unterwegs. Die Wüstenwanderung war längst zum Alltag geworden. Sie zog sich hin. Kein Ende war in Sicht. Der Weg wurde beschwerlicher, mühsamer. Jeden Tag dasselbe bis hin zur Mannaspeise, mit dem sie sich ernährten. In Ägypten war das Leben unerträglich gewesen. Sie hatten nach Befreiung geschrien. Gott hatte sie ihnen durch Mose ermöglicht. Er handelte klug, eben geistvoll. Der Heilige Geist hat manchmal so seine Lieblinge. Sie waren ihrerseits begeistert gewesen. Jetzt war ihre Begeisterung in der Wüstenhitze verdunstet. Abgekühlt in kalten Wüstennächten. War hier nicht alles noch schlimmer als damals in Ägypten? Ihr Verdruss steigerte sich. Die Vorwürfe nahmen zu. So ist das immer, wenn's nicht klappt und nicht voran geht, muss jemand herhalten. Sie machten Mose für alles verantwortlich. Ihren ganzen Frust luden sie auf seiner Schulter, seinem Herzen, seiner Seele ab. Dann kam, was kommen muss. Das Burnout - Syndrom ist gar nicht neu. Mose war fertig, ausgebrannt. Wer immer nur gibt, leitet und nichts zurück bekommt, geht zugrunde. Wem stets laut oder leise, offen oder versteckt Vorhaltungen gemacht werden, der kann eines Tages nicht mehr. Neben Mose tauchen Menschen unserer Tage auf. Erzieherinnen, Lehrerinnen und Lehrer von denen zu viel erwartet wird. Ärztinnen und Ärzte nach ihrer 48 Stunden Schicht. Politikerinnen und Politiker, die mehr oder weniger im Kreuzfeuer der Kritik stehen. Auch Pfarrerinnen und Pfarrer gehören dazu. Letzte Woche schrieb der Ev. Pressedienst: „Immer mehr Pfarrer leiden an ‚Burnout'." Unter Lasten des Erfolgsdrucks, der Überforderungen, unter mangelnder Anerkennung brechen Menschen zusammen.

Mose konnte und wollte nicht mehr. Am liebsten hätte er alles hingeworfen. Doch Mose war noch immer Träger des Geistes Gottes. Und der Geist geht eigene Wege. Muss er wirklich für alles Verantwortung übernehmen? Das kann durchaus geistvoll sein, sich Luft verschaffen, Grenzen ziehen, der Verzweiflung Worte geben. Mose tut das, nachdrücklich, eindrücklich. Er wehrt sich zu Recht. „ Ich habe doch dieses Volk weder gemacht noch geboren. Es ist dein Volk, Gott. Ich bin weder deren Amme noch deren Kindermädchen. Und wenn's nicht anders geht, komme ich lieber um als mir weiter dies Schuldzuweisungen, und das Jammern aufladen zu lassen."

Der Geist ist immer für eine Überraschung gut. Er rückt zurecht, rückt ins Licht. Mir fällt ein, auch ich habe diese Kirche weder gemacht noch in die Welt gebracht. Sie ist Gottes Werk. Ich kann und muss sie weder tragen noch erneuern.

Mose appelliert an Gott und erfährt: Gott ist treu. Gott bleibt sich treu. Sein Geist ist und bleibt der wunderbare Schöpfer, der er schon immer war.

„Sammle mir 70 Männer". Ob Mose damals erschrocken ist. 70 Männer finden in einem murrenden, unzufriedenen Volk! Kann das gut gehen? Es kann. Es gibt die 70. Sie sind da. Sie leben zwischen den lauthals Murrenden, Nörgelnden. Vielleicht gehören sie mehr zu den Stillen und Leisen. *„Sammle mir!"* Gott baut an seinem Volk weiter. Sein Volk ist ihm lieb

und wert. Es gibt die Menschen, die gerne und leidenschaftlich in seinem Volk tätig sind. Die bereit sind, Verantwortung zu übernehmen.

70 Älteste. Bis heute werden Kirchengemeinderäte und – Rätinnen „Älteste" genannt. In diesem Jahr sind Kirchenwahlen. Kandidatinnen und Kandidaten werden gesucht. Es müssen nicht 70 sein. Zu den bisherigen 5 wären 7 oder 8 weitere schon viel. Es gibt sie. Werden sie sich sammeln lassen für Gott. Das Sammeln ist uns aufgetragen. Das übrige ist Gottes, ist seines Geistes Sache.

Jetzt ist das geklärt, Mose kann und muss nicht die Last des ganzen Volkes tragen. Einer allein kann die Last einer Kirchengemeinde nicht tragen. Das darf nicht sein. Es sind immer schon welche da, die ihre Begabungen, ihre Talente, ihre Fähigkeiten haben. Ihnen wir Gottes Geist zuteil, der in Mose ist. Manchmal muss ein Funke von jemandem ausgehen oder ein Anstoß. Plötzlich wird dann bewusst, wir haben Teil an ein und demselben Geist. Wir, obwohl da verschiedene Positionen und unterschiedliche Aufgaben sind. Es ist nur folgerichtig, wenn Paulus Jahrhunderte danach schreibt: ***„Es sind verschiedene Gaben, aber es ist ein Geist. Und es sind verschiedene Ämter, aber es ist ein Herr. Und es sind verschiedene Kräfte, aber es ist ein Gott, der da wirkt alles in allem."*** (1. Kor. 12, 4-6).

Und dann trifft ein, was oft bezweifelt und zugleich gewünscht wird. Es tut sich was. Das Schönste, weder der Geist noch die Verantwortung werden als Zumutung empfunden. Da ist auf einmal wieder diese Leichtigkeit des Geistes. Verzückung greift um sich. Jene Begeisterung, die wir so gerne haben und mögen. Da sind Festlichkeit und Feier. Kein ablehnendes Stöhnen, schon wieder ich. Da ist Gewinn und auch Genuss. *„Und als der Geist auf ihnen ruhte, gerieten sie in Verzückung und hörten nicht auf."* Der Heilige Geist liebt die Ausgelassenheit. Und manchmal schlägt er sogar ein bisschen über die Stränge. Jedenfalls war's dann in Jerusalem auch so als er die Verzagtheit weg blies und Türen aufstieß. Als jene kleine Jüngerschar anfing zu sammeln und staunte, wie viele sich sammeln ließen und in welcher Einmütigkeit und Dichte und mit welch riesiges Verstehen das untereinander möglich ist.

Der Heilige Geist bringt die Einsicht zustande, niemand muss alles alleine machen. Der Weg durch dürre Zeiten wird gehbar, je mehr miteinander tragen. Jedoch davor und dazwischen liegt das Feiern. Darum wird heute Pfingsten gefeiert. Und wo immer Gott mit Menschen feiert, gehört das Mahl dazu. Für seine Christenheit, seine Kirche ist dieses Mahl das Abendmahl.

Amen.

9. Trinitatis - „Der Geist weht, wo er will“ (*Joh. 3, 1-8)*

Liebe Gemeinde.

Nikodemus huscht durch die Nacht. – Nachts sind bekanntlich alle Katzen grau. Das ist ihm gerade recht. Er will nicht gesehen und schon gar nicht erkannt werden. – Ausgerechnet er sucht Jesus auf. Wenn das bekannt würde, dann müsste er sich einiges anhören. „Was, du!? Du bist doch Pharisäer. Du beschäftigst dich doch ständig mit Gottes Worten und seinen Weisungen. Du gehörst zu den Frommen im Lande. Hast du das nötig?“

Nikodemus nütz den Schutz der Nacht aus. Anfangs wusste er selbst nicht so genau, wieso es ihn eigentlich so sehr zu Jesus hinzieht. Jedenfalls ist es mehr und anders als bloße Neugierde. Erst dieser Tage hat er Jesus erlebt und gehört. Seitdem ist er etwas unruhig geworden, irgendwie verwirrt. Das hat ihn in seinem Glauben getroffen. Er ist sich seines Glaubens nicht mehr völlig sicher. Bisher meinte er, über Gott und Glauben Bescheid zu wissen. Wenn aber Gott tatsächlich mit Jesus in der Welt ist, sich der Welt zuwendet, dann... Nikodemus setzte den Gedanken nicht fort. Er wollte ihn weg wischen. Immer wieder kam dieser Gedanke zurück. Darum ist er jetzt in der Nacht unterwegs... „Ich muss unbedingt Klarheit haben“, rumort es in ihm.

Manchmal wird der Glaube unsicher. Niemand mag das. Meistens wird das im Inneren versteckt. Doch nach wie vor bedrängt es einen, wie nur ist Gott in der Welt? Manches treibt einen um. In diesen Tagen diese tragische Flugzeugkatastrophe. Solches und anderes bringt den Glauben gewaltig durcheinander. Gewissheit wäre gut.

Nikodemus sucht Gewissheit. Wer kann schon vertrauensvoll leben, wenn alles im Ungewissen bleibt? Sie sitzen sich gegenüber. – „Meister“, beginnt Nikodemus. Rabbi, Lehrer nennt er ihn. Eigentlich kann das, was Jesus lehrt, sagt, zeigt nur von Gott sein. Ein fragender Unterton begleitet seine Worte. Nikodemus möchte gerne bestätigt haben, was er vermutet. Erwartungsvoll blickt er Jesus an. Seinem Gesicht, seiner Haltung ist zu entnehmen: Nun sag schon „Ja“. Sag, dass das stimmt, dann bin ich beruhigt, dann hört die Ungewissheit auf. Das Ja bleibt aus. Die Zustimmung wird ihm nicht gegeben. Stattdessen: ***„Wahrlich, wahrlich ich sage dir: Es sei denn, dass jemand von neuem geboren werde...“*** (Joh. 3, 5).

In dieser Nacht passiert, was nach wie vor passiert. Zwei setzen sich zum Gespräch zusammen und reden irgendwie aneinander vorbei. Sie haben dieselbe Sprache, doch ihre Worte und Gedanken finden sich nicht. Glaubensgespräche sind oft besonders schwer und schwierig. Christ redet mit Christ, Christin spricht mit Christin, doch die Verständigung stellt sich nicht ein. Solche Gespräche machen unglücklich. Gerade wir Christen müssten uns doch besonders leicht verstehen können. Wann freilich ist uns das letztmals gelungen?

Nein, das hat Nikodemus nicht erwartet. Damit hat er weder gerechnet noch wollte er das hören. Statt Klarheit diese rätselhaften Worte: ***„Es sei denn, dass jemand von neuem geboren werde…“*** (Joh. 3, 5). Widerstand regt sich. Wie soll das denn zugehen? Nikodemus schaut verdutzt drein. Die Geburt seiner Kinder fällt ihm ein. Geboren werden Menschen als Säuglinge. Wie soll er ein erwachsener Mann, jenseits der 40… nein, das gibt es doch nicht.

Obwohl, den Wunsch, neu zu werden war ihm nicht völlig unbekannt. Vermutlich kennen wir ihn selbst. Wenn einem beispielsweise immer wieder dieselben Fehler unterlaufen. Wenn das Unzulängliche einem bewusst wird und plagt. Wenn sich etwas in der Ehe verhärtet, Dinge entzweien, dann sehnt man sich nach Neuem. Man würde gerne neu werden oder neu anfangen, die Befangenheiten ablegen und frei werden. Nur klappt das halt nicht. Bei 0 beginnen ist ein alter Traum. Manchmal würde wohl jeder Mensch gerne noch mal von vorne anfangen. Doch die bisherige Lebensgeschichte ist immer da. Sie kann nicht abgelegt werden wie ein Kleid.

Neu geboren werden. Niemand bringt sich selbst zur Welt. Niemand konnte sich das Leben selbst geben. - Niemand kann sich selbst total neu machen. Das funktioniert nicht. Leben heißt immer auch, über vieles gar nicht zu verfügen. Vieles ist uns entzogen. Und wenn wir nicht von oben her, von Gott her beschenkt würden, blieben wir unseren Möglichkeiten verhaftet. Dann blieben wir tatsächlich ganz alleine im Eigenen gefangen.

„Von neuem geboren“. Gott gibt, was wir uns selbst nicht geben können. Gott lässt sehen, was wir von uns aus nicht sehen können. Dafür ist Jesus Christus in die Welt gekommen. In ihm ist Neues zu erkennen. Auch das, was so bisher von Gott nicht gekannt wurde. In ihm ist Neuland, ist Reich Gottes zu sehen. Im Glauben an ihn eröffnet sich einem das Neue. Eine völlig neue Sicht des eigenen Lebens. Eine ganz neue Sicht des menschlichen Umgangs miteinander. Eine ganz neue Sich der Welt, die Gott liebt. Glaube ist wie eine Neugeburt. Im

Glauben geschieht das Neuwerden. Doch der Glaube ist seinerseits nicht machbar. Glaube wird empfangen. ***„Es sei denn, dass jemand geboren werde aus Wasser und Geist“*** (Joh. 3, 5). Dieser Geist weht dem Wind gleich wo er will. Ein bisschen ist uns das auch zur Warnung gesagt. Ohne diesen Geist kann Glaube sehr formal, formelhaft oder sogar rechthaberisch sein. Dass der Glaube lebt und das Neue sowohl in als auch aus einem spricht, ist Sache des Gottesgeistes. Über ihn verfügen wir so wenig wie über unsere Geburt.

Nikodemus hat sicher nicht jene Glaubenssicherheit gefunden, die er wollte. Sie gibt es nicht. Der Glaube wird ständig mit Höhen und Tiefen zu tun haben. Er wird groß und klein, stark und schwach sein. Alle bleiben auf den Geist angewiesen, dass er weht und anhaucht und einzieht. So dass Glaube aufleuchtet und brennt und Neues gelingt.

Es ist anzunehmen, Nikodemus ist Pharisäer geblieben oder wurde er doch ein Jünger Jesu? Völlig spurlos ist jenes Gespräch jedenfalls nicht geblieben. Ganz unberührt hat ihn der Geist nicht gelassen. Als Jesus am Kreuz gestorben ist, taucht Nikodemus nochmals auf. Er ist da als Jesus vom Kreuz genommen wird. Er balsamiert dessen Leib ein. Gemeinsam mit Josef von Arimathäa bestattet er Jesus (Joh. 19, 38 – 42). Ist das nicht doch eine leise Geste der Veränderung. Ein stilles Tun der Barmherzigkeit. Der Geist weht und der Glaube, der daraus wird, handelt.

Der Geist lässt dem Neuen folgen, das in Jesus Christus ist. Der Glaube an ihn führt einen ins neue Leben hinein.

Amen.

10. Erntebeginn

a) „Sorglosigkeit und Freude“ (*Mt. 6, 25)*

Liebe Gemeinde.

Als sich die Freude auf den Weg machte, war sie wie stets gut gelaunt. Pfeifend und singend ging sie zu den Menschen. Sie werden mich gerne und herzlich aufnehmen, plapperte sie vor sich hin. Auf dem Bauernhof, kurz vor dem Ort, kehrte sie als erstes ein. Sie klopfte. Der Landwirt blickte sie skeptisch an. –„Ich möchte bei dir wohnen, am liebsten in deinem Herzen“, meinte sie fröhlich. - „Worüber soll ich mich freuen“, antwortete er. Dann fügte er erklärend hinzu." Früher hat man als Bauer seine Arbeit geschafft und abends konnte man zufrieden seine Hände in den Schoß legen. Heute muss man abends noch Buchführung machen, Anträge ausfüllen, Gesetze studieren und schriftlich begründen, was ich wo, wie und warum geschafft habe. Kein Wunder, wenn da immer mehr Bauern den ‚Riemen herunterwerfen' und resignieren." (Aussage eines Landwirtes.) - - „Aber du bist doch der Erde, den Pflanzen, dem Wachsen so nahe wie sonst kaum jemand", entgegnete sie ein bisschen zaghaft. Sie kam jedoch weder an ihn heran noch in ihn hinein. Nachdenklich wanderte die Freude ins Dorf.

Im Supermarkt entdeckte sie eine Frau. Sie hatte eine Gemüsedose in der Hand und las mit ernster, etwas angespannter Mine die Aufschrift. Sie kann mich bestimmt gebrauchen. Und schon hüpfte die Freude in ihren Einkaufswagen - „Ach geh mir weg", seufzte sie. "Das Einkaufen macht keinen Spaß mehr. Eigentlich müsstest du einen Chemiekurs machen, damit du die Aufschrift verstehst. Außerdem schaue ich, ob die Produkte gentechnikfrei sind. Das mit der Genkennzeichnung ist schon richtig. Doch es gibt immer mehr zu beachten. Das nimmt dir manchmal fast die Lust zu kochen und zu essen." - - „Du könntest doch dein Gemüse, den Salat, das Obst bei einem der Bauern im Ort kaufen. Da weißt du, wie alles angebaut wurde. Außerdem gibt es die Initiative, "Mein Acker bleibt gentechnikfrei", ganz aufgeregt kam das aus der Freude heraus. Aber die Frau schob ihren Einkaufswagen wortlos weiter.

Die Freude zog weiter. Überall traf sie auf besorgte Menschen. Schüler sorgten sich um einen Ausbildungsplatz. Berufstätige waren angespannt, denn sie wollten ihren Arbeitsplatz erhalten. Arbeitgeber sprachen von Konjunkturproblemen .Die Politiker taten sich mit den Reformen schwer und stießen auf vielerlei Ablehnung Die Pfarrer sorgten sich um die Kirche, um den Gottesdienstbesuch und die christliche Substanz im Lande. Es gab in diesen Zeiten wenig zu lachen. „Ich lasse mich nicht unterkriegen", trotzte die Freude. Sie holte tief Atem. ***„Macht euch keine Sorgen"*** (Mt. 6, 25), rief sie allen zu. „Etliche eurer Sorgen sind doch selbst gemacht. Sie sind hausgemacht..." Sie brach ab, niemand hörte ihr zu. Ich werde es so versuchen. Freude ist etwas anderes als Spaß. Der Spaß sucht sich nur das, was schön, angenehm, unterhaltend, ablenkend ist. Ich kann euch ein fröhliches Lachen schenken, kein bitteres. Mein Lachen erhebt sich weder über andere noch wird es hämisch. Ich bin direkt der Lebensfreude Gottes entsprungen. Er hat mich auf den Weg zu euch geschickt. Sie deckt auf, dass alles in einem Zusammenhang steht. Ihr gebraucht Worte wie Ökologie. Damit gebt ihr zu, die Welt ist ein oikos, ein Haus. Sie ist gebaut aus Erde und Wasser, aus Luft und Himmel. Sie wird bewohnt von Pflanzen, Tieren, Menschen. Ist das nicht eine Freude, welch wundervollen Mitbewohner ihr habt. - Gottes Lebensfreude ist gegenwärtig. Sie begegnet im Rhythmus von Saat und Ernte. Es wurde wieder gesät, gepflanzt, gepflegt, bewässert und jetzt beginnt das Ernten. Das Einfache ist gefragt. Wer sät, möchte ernten. Wer sät braucht gerechten Lohn. Ihr könnt Gottes Lebensfreude richtiggehend greifen. Sie anfassen in den Garben, im Weizen, den ihr prüft. Ihr könntet begreifen, was darin an Güte enthalten ist. Es ist gefährlich, alles in den Griff, alles in die eigenen Hände kriegen zu wollen. Wie viel Unabwägbares, Ungeklärtes steckt in vielen menschlichen Versuchen. Sind Versuche nicht auch Versuchungen? - Gott gibt an seiner Lebensfreude teil. Wie fein doch alles im Lebenshaus, Erdenhaus, Weltenhaus Gottes miteinander vernetzt und aufeinander abgestimmt ist. - ***„Macht euch keine Sorgen“*** (Mt. 6, 25), wiederholte die Freude, die aus Gottes Lebensfreude geschlüpft ist. Macht euch nicht solche Sorgen, die ihr nicht mehr loskriegt. Was jedoch wirklich besorgt, *„damit wendet euch in jeder Lage an Gott und bringt eure Bitten vor ihn. Tut es mit Dank für das, was er euch geschenkt hat.“* Unvermeidliche Sorgen los lassen. Beten ,um freier zu werden. Um den Raum in sich zu vernehmen, in dem Freude aufkommt. - Und die Freude, die aus Gottes Lebensfreude geboren ist, hatte so eifrig geredet dass sie richtig glühte. Darum unterbrechen wir einige Momente und singen:

Lied: Alles ist an Gottes Segen und an seiner Macht gelegen... (EG. 352)

Die Freude, die aus Gottes Lebensfreude kommt, ist weiter unterwegs. Kürzlich habe ich gelesen, fröhliche und glückliche Menschen machen weniger kaputt. Das beginnt wahrhaftig damit, ***“Macht euch keine Sorgen“*** (Mt. 6, 25).

Dass wir Sorgen haben, ist Teil unserer Menschlichkeit, unserer Kreatürlichkeit. Dass wir uns Sorgen machen, ist menschliches Werk. Sorgen sind mächtig. Freude hat die Kraft, das Sorgenmachen zu durchbrechen. Die Freude, die ja ihren Ursprung in Gott hat, weiß darum. Nachhaltige Geschichten erzählen davon. - - Adam und Eva hatten das Paradies verlassen müssen. Sie lebten nun jenseits des Paradiesgartens. Adam hatte längst erfahren, wie schwer es ist, das Feld zu bebauen. Der Schweiß brannte in seinen Augen. Dornen und Disteln zerstachen häufig seine Hände. Naturkatastrophen warfen ihn zurück. Er war oft niedergeschlagen und deprimiert. Umso stärker bemerkte er Evas gelassene und fröhliche Art. Manchmal war das fast aufreizend für ihn. Das Loch in seiner Seele wurde darunter noch größer. –„Was wird bloß aus uns und der Welt werden“, fragte er sie sorgenvoll. Eva lachte ihn freundlich an. Sie legte liebenvoll den Arm um ihn. „Wir gehen dem Garten entgegen“, antwortete sie unbekümmert. – „Gibt es denn den Garten noch?“ – „Ja was glaubst du denn, warum wir Jahr für Jahr Trauben ernten können. Wieso trotz aller Einflüsse Weizen wächst und Brot gebacken wird. Wieso die Blumen weiter blühen und Früchte an den Bäumen reifen?"- Erst sah er etwas verdutzt drein. Dann entspannte sich Adams Gesicht. Diese Eva. Sie hatte die ganze Zeit in all den Pflanzen mehr gesehen als er. Sie hatte darin ständig den Glanz von Gottes paradiesischer Lebensfreude entdeckt. Das gab und gibt ihr die Kraft, zu sagen, ich weiß, woher die Welt, das Weltenhaus kommt und wozu es bestimmt ist. Und als Adam jetzt einige Ähren auf die Hand legte und betrachtete, kehrte die Freude in ihn zurück. Zuerst leise und dann immer heftiger.

Alles Ernten gibt uns genug Anlass, die Lebensfreude Gottes zu finden. Eine Freude, in der Erzeuger und Verbraucher verbunden sind. Dann auch in dem gemeinsamen Bemühen, diese Lebensfreude zu erhalten.

Die Freude ist stärker als die Vernunft, mit der wir uns schon viele Sorgen geschaffen haben. Der Ort der Freude ist das Herz. Darum bewahre der Friede Gottes, der höher ist als alle Vernunft, unsere Herzen. Er wandle uns durch seine Lebensfreude, die aus der Schöpfung und aus Jesus Christus spricht.

Amen.

b) „Seligkeit" (*Mt. 5, 6*)

Mt. 5, 6: ***„Selig sind, die da hungert und dürstet nach der Gerechtigkeit, denn sie sollen satt werden."***

Liebe Gemeinde.

Manchmal sind wir durchaus selig. Also so richtig entspannt, gelöst, gelassen, unbeschwert, nahezu sorglos. Alles stimmt, der Tag, die Gesundheit, die Arbeit befriedigt, die Menschen um einen sind aufgeschlossen und nett. Nichts kann einen gerade draus bringen.

Manchmal sind wir selig und nennen uns glücklich. Vielleicht sogar jetzt, wenn wir hier auf dem Weingut zusammensitzen, angesichts der Posaunenklänge und der gehörten Kinderstimmen, eingerahmt von den nahen Weinbergen, berührt von der Schönheit, die uns die Natur, die Schöpfung vermitteln.

Manchmal sind wir schon selig. Wir stehen vom Tisch auf, an dem wir gesessen haben. Er war reich gedeckt. Alles hat köstlich geschmeckt. Kinder können das zeigen, wenn sie sich über den Bauch streichen, mit der Zunge nochmals die Lippen lecken; ach, war das gut!

Jesus nimmt auf, wir sind hungrige und durstige Menschen. Meist nehmen wir es hin, dass wir zu essen und zu trinken haben. Wie gut, dass es ein Tischgebet gibt. Es unterbricht unsere Gewohnheiten als sei alles selbstverständlich. Es macht darauf aufmerksam, wir sind und bleiben Empfangende.

Jesus greift ganz Vertrautes auf. Wir sind hungrig und durstig. Auch die Erde, die Pflanzen und Tiere hungern und dürsten. Alles was lebt und wächst kennt Hunger und Durst. Wie sehr haben in diesem Jahr schon die Erde und die Pflanzen, die Weinstöcke, das Getreide, der Mais, die Zuckerrüben gedürstet. Als dann endlich der Regen kam, hat uns das schon ein bisschen selig gemacht. Erleichtert und befreit, obwohl sie und wir weiter um die Ernteerträge besorgt sind.

Jesus geht auf ein urmenschliches Bedürfnis ein. Wir sind hungrig und durstig. Wir müssen satt werden, um leben zu können. Wir werden satt, daran erinnert uns die bevorstehende Ernte. Obwohl die Ernte in diesem Jahr mit seinem Regenmangel und dem Frostschäden in den Weinbergen geringer ausfallen wird.

Wir werden täglich satt. Ihr könnt ein Schulvesper auspacken. Wir alle haben unsere Mahlzeiten. Wir können allerdings nicht daran vorbeigehen, dass auch in unserem Land es nötig geworden ist, Speisungen und Tafelläden einzurichten. Wir dürfen nicht übersehen, dass es weltweit viel Hunger und Durst gibt.

Es leuchtet ein, dass Jesus in dieser einen Seligpreisung gerade auf die Gerechtigkeit zu sprechen kommt. Es wird wahrhaftig auch nach Gerechtigkeit gehungert und gedürstet. Da sind wir ja alle sehr empfindlich. Es geht nicht immer gerecht zu. Weder in der Schule noch in der Familie. Weder unter Nachbarn noch im Dorf. Weder in unserer Gesellschaft noch in der Welt. – Wir sind betroffen, wenn wir ungerecht behandelt werden, mal sind wir niedergeschlagen und dann wieder total wütend. Andere wehren sich, wenn wir ungerecht mit ihnen umgehen. Wir zögern, fragen, überlegen, war das jetzt richtig? Als jetzt nach dem EHEC – Erregern gesucht worden ist, was ja anhält, wurde manch schnelle Beschuldigung ausgesprochen. Nicht alles war richtig. Die Gemüsebauern waren die Leidtragenden. Wird es jemals gerechtere Preise geben oder eine gerechtere Wirtschaftsordnung in der Welt. Gerechtigkeit wird versucht, wenn es wenigstens teilweise Entschädigungen für Ernteausfälle gibt. Doch wenn wir Gerechtigkeit und Ungerechtigkeit wiegen, dann scheint mir als läge mehr in der Schale der Ungerechtigkeiten.

Jesus weist auf Gerechtigkeit hin. An ihrem Mangel leiden wir und an ihrer Vollendung zweifeln wir. Gerechtigkeit ist wichtig wie das tägliche Brot. Gott, so lesen wir in der Bibel, war und ist immer betroffen, wo Gerechtigkeit fehlt. Gott hat sich eingemischt, hat Propheten reden lassen, wo Gerechtigkeit mit Füßen getreten wurde und dabei Menschen benachteiligt, ausgegrenzt, unterdrückt wurden. Um Gerechtigkeit voranzubringen ist Gott so manches Mal parteiisch geworden. Er ließ den Herrschenden ins Gewissen reden und hat für die Benachteiligten geredet.

Gerechtigkeit darf nicht allein uns Menschen überlassen werden. Gerechtigkeit braucht ein Maß, ein göttliches Maß. Gott gibt es uns in seinem Worten, in seiner Sicht von Mensch und Welt. Er gibt es uns in Jesus Christus. Er macht es recht mit allen, wer immer sie sind und wo sie auch sind. Er macht es ganz richtig, wenn er Menschen aufeinander aufmerksam macht, füreinander öffnet. Er macht es recht, indem er uns den Druck nimmt als könnten wir immer alles richtig machen. Es ist richtig, wenn er uns bleibend ans Herz legt: *„Selig sind, die da hungert und dürstet nach Gerechtigkeit...“* Selig sind, die sich mit dem Unrecht weder abfinden noch davon entmutigen lassen. Selig sind, die mit Gott und Jesus davon überzeugt sind, es kann ein Mehr an Gerechtigkeit erreicht werden. Jesus redet gerade im Matthäusevangelium von der besseren Gerechtigkeit. Sie ist erreichbar. Es kann damit besser werden, die Arbeit der unterschiedlichen Berufsgruppen zu achten. Es kann damit besser werden, den Wert unserer Produkte und Nahrungsmittel zu schätzen.

Jesu Worte halten wach, Gerechtigkeit anzustreben. Sie zu einem Herzensanliegen zu machen. Satt werden wir dabei sicher nicht in dem Sinne, dass alle Konflikte, Ungereimtheiten beseitigt werden. Alles menschliche Tun ist vorläufig. Endgültiges Tun ist Gott vorbehalten.

Dietrich Bonhöffer schrieb 1944 aus dem Gefängnis an sein Patenkind: *„Unser Christsein wird heute nur in zweierlei bestehen: Im Beten und im Tun des Gerechten unter den*

Menschen.“ Das entspricht dem Geiste Jesu. Beten, darum Erntebet- und Erntebittgottesdienst. Beten um Gerechtigkeit, um die bessere Gerechtigkeit. Beten für Menschen. Das Tun des Gerechten ist dann dran, wenn ihr beispielsweise morgen wieder in der Schule seid, wenn wir in je unseren Berufen arbeiten, wenn wir miteinander sprechen, wenn wir einkaufen. Die Erzeugnisse der Felder, die Nahrungsmittel machen satt. Geglückte Gerechtigkeit macht desgleichen satt. Sie macht sogar selig.
Amen.

11. Buß- und Betttag

a) „Mauern fallen“ (*Jos. 6, 1-5)*

Liebe Gemeinde.
Mit Worten aus der Jericho Geschichte hat unser Gottesdienst begonnen. Es lohnt sich, sie nochmals zu hören.

Jos. 6, 1-5

In dieser Geschichte sind wertvolle Erfahrungen gespeichert. Den einen bieten Mauern Schutz. Die Leute von Jericho sind hinter ihren Stadtmauern geschützt. Wie sollen sie auch wissen, wer da draußen vor ihren Mauern steht. Ob jene friedlich gestimmt sind oder nicht. Menschen wissen so wenig voneinander, oft viel zu wenig.

Mauern schützen. *„Wer jetzt kein Haus hat, baut sich keines mehr“,* dichtete Reiner Maria Rilke angesichts des stürmisch kommenden Herbstes und des frostigen Winters. Einige wissen noch, wie das nach dem Krieg war, vor den Trümmerhaufen ihrer Häuser zu stehen, eben unbehaust, schutzlos, heimatlos.

Mauern schützen. Ich vergesse nicht, wie Menschen der früheren DDR in den Kirchen Schutz fanden. Kirchen waren und sind Schutzräume. Darin konnte und kann offen geredet, gesungen, gebetet werden. Im Oktober 89 war ich für einige Stunden in der Berliner Gethsemanekirche. Schweigend, staunend, überwältigt, ergriffen saß ich zwischen tausenden von Menschen. Von Kirchenmauern geschützt versuchten sie, die trennende Berliner Mauer zu Fall zu bringen. Das ist ja die schmerzhafte Erfahrung. Mauern grenzen aus, sperren ein, halten fest und voneinander fern. Sie sind im Weg, kalt wie die Steine und hart wie der Beton aus denen sie gemacht sind. Mauern um Jericho, in Berlin, zwischen Nord- und Südkorea, zwischen Israel und Palästina. Sichtbare und dann die vielen, vielen unsichtbaren Mauern.

Menschen werden eingemauert. Ihnen werden Lebensmöglichkeiten genommen, verweigert. Zwischen reich und arm verläuft so eine Mauer. – Menschen wissen sich oft nicht anders zu helfen, und mauern sich selbst ein. *„Und dennoch sind da Mauern zwischen Menschen, und nur durch Gitter sehen wir uns an. Unser versklavtes Ich ist ein Gefängnis und ist gebaut, aus Steinen unserer Angst"*. (Aus: „Herr, deine Liebe." EG. 643). Ängste werden zu Mauern. Dahinter werden Menschen krank. Isolation macht einsam. Manchmal vermag niemand mehr durch diese Mauern zu dringen. Robert Enke ist daran zerbrochen. Wir halten betroffen den Atem an.

Aus dieser Geschichte ist zu hören, Gott ist gegen die Mauern, die Zugänge verhindern. Gott ist in der Mitte derer, die sich gegen böse Mauern wehren. Gott ist in der Mitte jener Hebräer, die aus Ägypten geflohen sind. Die des Wanderns müde jetzt gerne sesshaft sein möchten. In der Lade ist Gott gegenwärtig. – Gott ist in der Mitte aller, die Veränderungen zum Miteinader anstreben. *„Ein feste Burg ist unser Gott"* (EG. 362). In seinem Wort ist Gott gegenwärtig. Das ist der andere, tiefe Grund, warum Kirchen unverzichtbar sind. Wer etwas verändern will, muss Gott in seiner Mitte wissen. Darum versammeln sich Christen Sonntag für Sonntag um sein Wort in den Kirchen.
Jene Hebräer wussten Gott in ihrer Mitte, das macht unbeirrbar. Die Menschen in der DDR ließen sich nicht beirren. Christenleute und Kirchen lassen sich nicht beirren. Mauern können fallen. Seit jener Erzählung von Jericho wissen wir darum. Es wird erzählt, was dafür nötig ist. Jenes Gottvertrauen, er ist in unserer Mitte. Und dann können Menschen losgehen. Nicht alleine, sondern zusammen. 7 Mal umkreisen sie die Stadtmauern. 7 Mal als sollten wir erinnert werden, wie viel Geduld das oft braucht. Es kann Jahre dauern. Das ist schwer auszuhalten, wenn das Atmen immer schwerer fällt. – Sich der Töne bedienen, die Gottes Verheißungen in sich tragen. Töne mit Posaunen, Musik, Liedern, Gesänge. Keine Schlachtgesänge, sondern Lieder gegen die Angst und Lieder für die Hoffnung. – Phantasie gehört dazu. Kerzen in den Händen von Menschen. Aufgestellt an Gedenkstätten, vor und in Kirchen, in Fenstern. – Und dann die Gebete. Gebete haben Macht. Sie sind eine Macht. – Eine Strategie klingt an. Eine Strategie, damit Mauern überwunden werden und Frieden gedeiht.

Wir Menschen brauchen Mauern. Es ist sinnvoll, das Haus Europa zu bauen, in dem die europäischen Völker wohnen können. Ein Haus mit offenen Türen und Fenstern. Jedoch keine Festung, um sich vor anderen zu verbarrikadieren.
Wir Menschen müssen Mauern überwinden. Dazu bedarf es Gottvertrauen und daraus den Mut, loszugehen. Dazu bedarf es der Lieder und der Phantasie, der Gebete und der Weggefährten. Je mehr es sind, umso besser und kraftvoller machen wir uns bemerkbar. Dazu braucht es Wegzehrung, die wir als Christenheit am Tisch Jesu bekommen. In seinem Mahl fallen bereits die Mauern unserer Vorbehalte, der falschen Einschätzungen, der Gegensätze. Sein Mahl verbindet. In seinem Mahl erleben wir überwundene Mauern und Frieden. Durch sein Mahl bleiben wir Menschen, die den Mauern trotzen und dem Frieden dienen.
Amen.

b) „Recht" *(Am. 5, 21-24)*

„Es ströme aber das Recht wie Wasser…" (Am. 5, 24). Das Wasser ist versiegt. Vom Boden verschluckt, aufgezehrt. Trockenheit breitet sich aus. Erde versandet. – Wir sind wasserverwöhnt. Gelegentlich bestaunen wir noch die Tautropfen an Grashalmen. Noch ist es in unseren Breiten selten, dass Regen herbei gesehnt wird oder Quellen gar versiegen; dass der Grundwasserspiegel bedrohlich sinkt, Bäche und Flüsse wasserarm werden. Wir sind vom Segen des Wassers umgeben. Das Leben ist daraus geworden. Alles Leben ist darum bleibend auf Wasser angewiesen. Wir wissen um die Kraft des Wassers, die sanft gedeihlich und zerstörend sein kann.

Das Wasser ist ein Segen. Recht ist ein Segen. Unrecht zerstört. In uns ist so manche Verwüstung, weil wir ungerecht behandelt wurden. Weil es jemand nicht aufrichtig, nicht aufrecht mit uns meint. Das trifft uns. Kehle und Mund werden dabei trocken. - Zugleich sind wir die, die das Recht auf Leben verweigern, es entziehen. Eingeschränkte Lebensrechte, weggenommene Lebensbedingungen. Eine ungeheure Ökonomisierung herrscht vor. Die Frage der Wirtschaftlichkeit bestimmt. An ihr wird nahezu alles gemessen, die Feiertage, die Arbeitszeit, die Standorte, der Handel, die Krankenversorgung, die Altersversorgung… Ungerechtigkeit schreit zum Himmel. Gott leidet am Unrecht, an menschlicher Rechtsunfähigkeit. Kein stummes Leiden. Die Worte sind leidenschaftlich, heftig laut. ***„Ich***

***bin euren Feiertagen gram, mag eure Versammlungen nicht riechen... Tu mir weg das Geplärr deiner Lieder...*"** (Am. 5, 21.23). Gottes Recht, seine Gerechtigkeit haben ihren entscheidenden Ort im Gottesdienst. Uns ist ein Raum gegeben, in welchem Gottes Recht begegnet. Gottesdienst, Quelle des Gottesrechtes. Sprudelnd, verströmt, ausgegossen in die Herzen. Verwandelnd. - Veränderungen in der Welt beginnen damit, dass wir verändert werden. Rechtsordnungen im Staat, in der Gesellschaft, in der Welt sind nötig. Menschliches Miteinander will geregelt werden. Gewalt ist so weit wie möglich zu verhindern. Die Welt braucht Menschenrechte, die überall gelten. Ihre Einhaltung muss eingeklagt werden. Zugleich stellt sich die Frage, ob wir zu viel von Gesetzen und Rechtsverordnungen erwarten. Wir rufen immer neu nach strengeren Gesetzen. Schlupflöcher werden entdeckt und sollen geschlossen werden. Ob damit besseres Recht, bessere Gerechtigkeit erreicht wird? Im Gottesdienst holt Gott uns in sein Recht, in seine Gerechtigkeit hinein. Wir werden von mal zu mal damit überrascht, dass Gnade vor Recht ergeht. Darunter tauen Ichbezogenheiten auf und Rechthabereien werden leiser. Seit vielen, vielen Jahren begleitet mich, wie Albert Schweitzer daraus zu formulieren wusste: *Ich bin Leben, das leben will, inmitten von Leben, das Leben will.* Gottesdienstlich ist zu erfahren, ich bin Leben, ich bin berechtigt zu leben. Das wiederholt und erneuert Gott stets und unermüdlich. Wir haben ein Recht das Leben zu feiern obwohl soviel Unrecht ist. Je mehr wir es feiern umso mehr wird uns das Lebensrecht der anderen Menschen bedeutungsvoll und lieb. Umso mehr entdecken wir die Kostbarkeit unseres und jedes Menschenlebens in der Welt. Zu den tiefsten, wohltuensten, befreiensten Einsichten gehört, mein Leben ist berechtigt mitsamt seinen Mängeln und seinem Mangel. Darunter blüht Leben auf. In der Wüste des Lebens entstehen Oasen der Gewaltüberwindung, des fairen Handels, der aufrichtigen Rede, der Ablehnung von Krieg. Oasen in denen die Weltreligionen gemeinsam den Extremisten entgegentreten.

***„Es ströme aber das Recht wie Wasser...*"** (Am. 5, 24). Gottes Recht ist zu erleben. Der Ort ist der Gottesdienst. Die Gottesdienste zur Zeit des Amos war mehr Schein, mehr Schau als Sein. Unsere Gottesdienste leben vom Recht Gottes. Deshalb sind sie auf das Sein ausgerichtet. Auf die Existenz, auf Lebenwollen und Lebenkönnen. Leben, das mir im Nachbarn wieder begegnet, im ausländischen Mitbürger, im Indio, im Iraker. Die ich nicht persönlich kenne und die leben wollen wie ich leben will. Es hat mir gefallen, wie ein Journalist in einer Gesprächsrunde am Sonntagabend zu den aufgebrochenen Unruhen in Holland und deren Auswirkungen auf andere Staaten meinte, wir brauchen mehr offene

Herzen als schärfere Gesetze. Herzen denke ich, die von Gottes Recht und seiner Gerechtigkeit angetan und gefüllt sind.

Das alte Israel kannte neben der Feier noch einen anderen Ort, an welchem Recht gesprochen wurde. Das Tor, das Stadttor war dieser Platz. So als sollte bereits daran sinnbildlich zu merken sein: das Recht schafft Durchgänge, Zugänge werden frei, Sperrungen werden durchbrochen. Wege werden dabei sichtbar, beieinander Wohnen wird dadurch möglich. Die Chorbögen unserer Kirchen nehmen das Stadttor früherer Zeiten auf. Im Tor stehen nun das Kreuz und der Altartisch. Darin teilt Gott sein Recht, seine Gerechtigkeit mir. Sie fließt aus dem Kreuz. Es hält unser und aller Lebensrecht fest. Der Altartisch ist mit den Gaben gedeckt, die uns das Recht zu leben essen und trinken lassen. - *„Es ströme aber das Recht wie Wasser…“* Es strömt unaufhörlich. Nicht allein wie Wasser. Sondern wie Brot, das in seinem Namen ausgeteilt wird . Und wie der Saft der Trauben, der in seinem Namen getrunken wird. Dabei wird wahr, jede und jeder von uns hat sein Lebensrecht, seinen Platz, seine Gabe, seine Aufgabe hier im Ort und in der Welt. Jede und jeder ist dazu berufen, ist fähig, wird dafür gestärkt Trägerin und Träger des Gottesrechtes zu sein.
Amen.

c) „Frieden“ *(Joh. 14, 27)*

Liebe Gemeinde.
„Den Frieden lasse ich euch.“
Seit es Menschen gibt, wandert der Friede durch die Welt. Er hat schon einiges mitgemacht. Er wird freudig begrüßt, wenn Kriegselend endet, wenn feindliche Blöcke sich auflösen und Mauern fallen. Er ist glücklich, wenn Menschen sich lachend und weinend in die Arme nehmen, tanzen und singen. „Du bist nötig“, sagen die Menschen zu ihm. „Wenn du da bist, ist gut leben“, meinen sie. – Seit 1945 leben wir im Frieden, jedenfalls ohne Krieg. Der Friede ist froh und zufrieden, dass Menschen ihn willkommen heißen und schätzen.

Doch immer wieder wird dem Frieden auch weh getan. „Hau ab. Lass mich in Frieden“, bekommt er immer wieder zu hören. Es schmerzt, wenn er zu Streitenden kommt und dort abgelehnt wird. – Er ist erstaunt, wenn ihm gesagt wird: “Frieden ist nur durch Waffen zu erreichen“. Deshalb und des Geschäftes wegen werden Waffen produziert. – Manchmal zweifelt der Friede an sich selbst. Es scheint in der Welt tatsächlich nur dann Frieden zu geben, wenn Armeen aufgestellt werden, wenn der Terror bekämpft und eingedämmt wird. Die Menschen dieser Welt wissen wohl nichts anderes als dass sie den Frieden zu schützen versuchen. Das macht den Frieden stets nachdenklich. Alle, jedenfalls der größte Teil der Menschheit, wollen mich haben, alle sagen, ich bin kostbar und unverzichtbar wie das tägliche Brot oder wie die Luft zum Atmen. Doch die Menschen wissen nicht so recht, wie sie Frieden erreichen können. So wandert der Friede weiter durch die Welt, wird begrüßt und sogar angegriffen. Ist unaufgebbar und doch nur unvollkommen vorhanden.

„Den Frieden lasse ich euch, meinen Frieden gebe ich euch."
Wir schätzen den Frieden und sind seiner doch nie ganz sicher. Er ist wertvoll und kann doch so schnell in die Brüche gehen. Was nur ist an Jesu Friede anders als an unseren Friedensbemühungen und Friedenserfahrungen?
Der Ursprung seines Friedens ist Gott. Sein Friede hat Liebe als Voraussetzung. ***„Also hat Gott die Welt geliebt"***, hält das Johannesevangelium fest (Joh. 16). Die Welt, ob Luft oder Wasser, ob Pflanzen oder Tiere, ob Menschen in ihrer Vielfalt, sind geliebt. Die Liebe kann weder missachten noch vernachlässigen. Die Liebe ist auf Frieden aus, auf friedliche Auseinandersetzungen, auf gewaltfreie Konfliktregelungen. Sie will und kann den Unterschieden und Gegensätzen ihre Schärfe nehmen. Die Liebe ist überzeugt vom Wert der Erde und ihrer vielen Menschen. Das ist die Basis des Friedens.
Jesus bringt Gottes umfassende, liebende Wertschätzung in die Welt. Sie ist in Jesu Geschichten zu entdecken. Wenn er den Bettler am Stadttor Jerichos ruft, wenn er mit dem Betrüger Zachäus am Tisch sitzt, Kinder segnet, Aussätzige aus ihrer Isolation holt, gekrümmte Frauen aufrichtet, wenn er die Angesehenen nachdenklich macht.
„Meinen Frieden gebe ich euch." Er setzt beim Menschen an. Er setzt auf Menschen. Frieden ist kein Naturzustand, sagte Immanuel Kant richtig. Friede ist eine Gabe. Jesu Friede setzt sich der Aggression und der Gewalt aus. Er verzichtet seinerseits auf Gegengewalt. Frieden ist ein Risiko. Er riskiert alles. Er riskiert sein Leben. Frieden geht für Christen nur mit ihm und durch ihn. Frieden, aus Liebe geboren, ist anders. Es trifft zu: *„Ich gebe euch nicht wie die Welt gibt."*
Sein Frieden ist und bleibt ein Risiko in unserer Welt. Es ist daher völlig konsequent, dass er zufügt: *„Euer Herz erschrecke nicht und fürchte sich nicht"*. – Wir erschrecken nicht alleine darüber, was Menschen einander Böses, Schlimmes antun können. Wir erschrecken auch, weil er sich bedingungslos allen Menschen zuwendet. Auch denen, die einem gar nicht

so liegen, die eher gemieden werden. Die einen vielleicht angreifen und über einen schimpfen. Die fremd sind und kulturell ganz anders geprägt. Der Friede ist ein Risiko. Niemand weiß, ob das angestrebte Ziel erreicht wird. Doch wie soll Frieden werden, wenn wir einander aus dem Wege gehen? – Er sieht, wie sehr wir oft zögern, zaudern und dabei die Furcht gewinnen lassen. Dabei haben wir vor Augen, dass seine Liebe, seine Frieden nicht tot zu kriegen sind. Davon erzählt seine Auferstehung. Und wer auch hier in die biblischen Geschichten eintaucht, merkt, da sind zuerst viel Schrecken und Furcht, bis sich seine Lebensmacht der Auferstehung durchsetzt. Meinen Frieden gebe ich euch. Wir sind Teilhaberinnen und Teilhaber seines Friedens.

Mit seinem Frieden im Herzen können wir Menschen einiges riskieren. Es gibt ermutigende Beispiele.
Ich denke an die ökumenische Gemeinschaft Corrymeela in Nordirland. Seit Jahrzehnten können sich dort Katholiken und Protestanten angstfrei begegnen.
Mir fallen die Schneller Schulen in Jordanien und im Libanon ein. Muslimische, jüdische und christliche Kinder gehen gemeinsam in dieselbe Schule und lernen dabei miteinander, statt gegeneinander zu leben.
Es gibt sie, die Jesu Frieden weiter riskieren. Ob daraus der eigentlich von allen gewünschte Weltfriede wird, weiß ich nicht. Ob deswegen alle Armeen überflüssig werden, kann ich auch nicht sagen. Doch unsere Einstellungen und unser Denken ändern sich. Unsere Aufmerksamkeit ändert sich. Unser Umgang untereinander wird intensiver. Die Achtung voreinander gedeiht. Jesu Friede macht mutig. Er ist ein Drahtseilakt, wie das Plakat zeigt. Doch wo immer wir Frieden riskieren, ist er mit uns, der durch den Tod ins Leben gegangen ist. Im Riskieren des Friedens ist seine Macht an uns mächtig.
Amen.

12. Toten- und Ewigkeitssonntag - „Warten“ (*Mt. 25, 1-13*)

Liebe Gemeinde.
Jesus erzählt vom Warten. Ein Tag reiht sich an den anderen. Die Tage kommen und gehen. Die Zeit eilt. Immer wieder treffe ich darauf. „Schon wieder ein Jahr vorbei“, wird mir bei

Geburtstagsbesuchen gesagt. Trauernde sagen ihrerseits, das Leben ist viel zu schnell vergangen. Selbst wenn es 80, 90 oder mehr Jahre gewesen sind, zu schnell.

Jesus verweist aufs Warten. Wie oft warten wir. Mal gerne, fröhlich, gespannt, unbekümmert. Mal mehr bedrückt, beklommen, bange. – Gewartet wird auf den Morgen, der die Nacht vertreibt. Auf den Befund des Arztes. Auf die Entlassung aus dem Krankenhaus. – Gewartet wird auf ein Lebenszeichen. Auf eine Nachricht. Auf Worte, die trösten. Wir warten geduldig und ungeduldig. – Es wird vergeblich gewartet. „Wenn ich da sitze", sagt die Witwe, „meine ich, er müsste jeden Augenblick durch die Zimmertür kommen."

Jesus erinnert uns ans Warten. Erwarten wir noch etwas, seit der Tod uns einen lieben Menschen genommen hat? Ist mit dem Tod nicht doch alles aus? Nimmt einem die Trauer nicht alle Erwartungen und löscht sie aus, wie das Leben erloschen ist, wie jene Öllampen verlöschen? Können wir für die unseren, die bereits gehen mussten, noch etwas erwarten? Wir sind unsicher, skeptisch, zögerlich.

Und Jesus erzählt uns, es gibt etwas zu erwarten. Er schildert es als Hochzeit. Das ist etwas vom Schönsten, wie wir wissen. Das ist Glück pur. Jedes kann sich das gut vorstellen und ausmalen. Das Himmelreich ist noch keineswegs fertig. Es liegt vor uns. Wenn es eintrifft, wird es wie bei einer Hochzeit sein. Eine nicht mehr endende, unmittelbare Verbundenheit Gottes mit seinen Menschen.

Es lohnt sich zu warten. Auch dann, wen sich die Zeit hinzieht. Auch wenn da und dort überlegt und gefragt wird, wann ist es denn so weit? Wann! Niemand weiß es. *„Denn niemand kennt Tag noch Stunde."*

Es kann lange dauern bis der Bräutigam kommt um das Hochzeitsfest zu beginnen. Wer lange wartet, wird müde. Davon ist niemand ausgenommen. Alle schlafen ein, alle - alle 10! Wir wollten wach bleiben am Kranken- und am Sterbebett. Wir hatten uns viel vorgenommen und wollten tapfer sein. Die Erschöpfung war zu mächtig. – Wir wollten glauben, lieben, hoffen. Doch jetzt zermürben die Zweifel. Wer kann sich vorstellen, dass trauern so schwer ist und ermüdet. Es macht müde, einsam und vergessen zu sein. – Ich ärgere mich einen Moment, dass jene 5 in Jesu Gleichnis dann nichts abgeben, ihr ganzes Öl für sich behalten. Erst allmählich geht mir auf, wir können vieles miteinander teilen, jedoch nicht alles. Ich kann

Zeit, Freude und Leid mit jemandem teilen. Doch ich kann weder für jemand anderen glauben noch ihm von meinem Glauben abgeben. Die Väter, die unser Glaubensbekenntnis verfassten, haben das erkannt. Darum beginnt es: *„Ich glaube"*. Ich kann nicht für dich glauben. Und du kannst nicht für mich glauben.

Jesus erzählt vom Warten. Es gibt ein geglücktes, ein kluges Warten. Wirklich warten kann nur jemand, der mit etwas Kommenden rechnet. Davon kann alleine in Bildern gesprochen werden. Wie sollen wir denn das Unsagbare sagen? Wie können wir von dem sprechen, was unser Denkvermögen, unseren Verstand, unsere Welt übersteigt? Jesus gibt uns das Bild der himmlischen Hochzeit. Sie wartet auf uns und dort werden wir erwartet. Weil Gott Zukunft für uns hat, kann Trauer gelingen. Zwischen den vielen Fotos und Bildern, mit denen wir ins Vergangene blicken, steht sein Bild. Es läst nach vorne schauen. – Klug ist, wer sich erzählen lässt, der Bräutigam kommt, die Hochzeit findet statt. Klug ist, wer sich aufs warten einstellt. Töricht ist, wer gar nichts mehr erwartet und dann der Gegenwart erliegt. Vom zukünftigen Bild des Hochzeitfestes, geht jene Kraft aus, die wir auf Erden brauchen. Ich darf trauern und müde werden. Mein Glaube kann flackern und dünn sein. Ich stoße an Grenzen meiner Kräfte und meines Begreifens. Doch in seinen Worten leuchtet auf, was Gott werden lässt. Und dann wache ich auf, dann steh ich auf, um zu leben. Jeder Tag auf Erden ist bedeutsam. Keiner ist vergebens. Das angesagte Hochzeitsfest überzeugt mich, meine Tage als kostbar anzusehen und anzunehmen. Voller Möglichkeiten, um zu glauben, zu lieben und zu hoffen. Nein, es ist nicht zu spät dafür, sich das Bild der himmlischen Hochzeit einzuverleiben, um daran zu heilen und das Leben lieb zu behalten.

Jesus erzählt vom Warten und wie Warten gelingt. Die Zukunft Gottes hat in ihm schon begonnen. Es gibt ein Leben vor dem Tod und ein Leben danach. Denn der Bräutigam kommt um mit uns sein Hochzeitsfest zu feiern.
Amen.

III. Gepredigt zu allen Zeiten und an allen Orten

1. Wohnen - „Spatenstich für ein Altenheim“ *(Joel 3, 1)*

Unser Leben wird von Häusern mitbestimmt.
Elternhaus, Kindergarten, Schulhaus. Wir möchten behaust und geschützt, geborgen und aufgehoben sein.

Unsere Lebenswege führen uns zu Häusern: *Kirche, Rathaus, Pfarrhaus, Gemeindehaus.* In Häusern werden wir gestärkt und beraten, sind willkommen, werden aufgenommen und begegnen einander. Zu den Häusern unseres Ortes kommt ein weiteres dazu. Sein Name besteht bereits fest: *KARL-WAGNER-STIFT.* Es wird ein Haus für ältere Menschen, für Menschen im Alter sein.

Joel, ein Prophet, schreibt 400 Jahre vor Christi Geburt: ***„Eure Alten sollen Träume haben.“*** (Joel 3,1). Menschen träumen. Von manchen Träumen mussten wir uns bereits verabschieden. Den älteren und alt gewordenen Menschen sind Träume genommen worden. Die Familienstrukturen sind nicht mehr wie vor 40/50 Jahren. Um so mehr wird besorgt geträumt, wo komme ich im Alter unter? Wird es ein zu Hause geben?
Ein Traum von und für alte Menschen wird wirklich. Im Karl- Wagner-Stift werden sie willkommen sein. Sie bleiben in der Mitte des Dorfes, in welchem sie ein Leben lang beheimatet gewesen sind. In welchem sie unter Umständen seit einiger Zeit wohnen. Dieses Haus hat Raum für sie, für ihr jeweiliges Ergehen, ihr Befinden. Hier wird der Traum eingelöst, beachtet, geschätzt, geachtet zu sein.

„Eure Alten sollen Träume haben.“ (Joel 3, 1) Träume zu haben ist nach Joel eine Wirkung des Gottes Geistes. Gott regt Träume an. Es ist mehr als berechtigt, davon zu träumen, im Alter würdevoll umsorgt zu sein. Es ist zugleich überaus geistreich, durch und durch geistvoll, diesen Traum aufzugreifen. Das wurde in Beratungen und Entscheidungen, in Vereinbarungen, in Anträgen, mit Finanzzusagen getan.
Der heutige Spatenstich teilt mit, ein Traum wird wahr. Dankbar und froh sehen wir dem entgegen, wie er mehr und mehr Gestalt annehmen wird. Die Häuser, die in einem Ort gebaut werden, sagen immer etwas aus über das Lebensverständnis. Zu menschlichen Träumen gehört stets, verstanden zu werden. Mit dem Karl-Wagner-Stift nähern wir uns dem. Am

Ortsbild, an den Gebäuden, an diesem Gebäude wird abzulesen sein, wer hier alt wird, bleibt behaust. Häuser prägen unser Leben:
Elternhaus, Kindergarten, Schulhaus, Kirche, Rathaus, Pfarrhaus, Gemeindehaus und künftig das Altenheim.

Gott, dein Geist weckt Träume. Dankbar sind wir für alle, die diese Träume zulassen, ihnen nachgehen, damit das Leben in all seine Lebensphasen, seinen Lebensabschnitten geschützt ist. Wir danken, dass sich Menschen in unserem Ort, in Stiftungen, in der Politik sich darauf einlassen. Wir bitten, dass alles, was geschieht deinem Geist entspricht. Segne den Baubeginn. Halte deine Hand über allen, die hier arbeiten, sich betätigen und tätig sein werden. Lass uns nach deinem Geist fragen, der ein Geist der Liebe und des Miteinanders ist. Halte unsere aller Träume für eine menschlichere Gesellschaft und ein Welt für alle wach.
Gib, dass wir daran mitbauen hier im Ort mit all unserem Können, mit unseren Gedanken und Worten, mit unseren Blicken und Händen. Wir trauen deinem Geist, der segnet und behütet, der belebt und begeistert.
Amen.

2. Alter - „80er Jahrgangsfeier" (*Ps. 90, 10)*

Liebe 80er Jubilarinnen und Jubilare.
Für einen Moment möchte ich mich ihnen zuwenden. Als sie zur Schule kamen, waren sie 39 Mädchen und Jungen. Etwas später kamen dann noch 8 Mädchen und Jungen aus Nordhausen dazu. Wie viel sich seit damals getan und verändert hat, ist alleine daran zu merken, dass 22 bereits verstorben sind.

80 Jahre. Nach wie vor wird dies als biblisches Alter bezeichnet. Sie kennen die entsprechenden Worte aus dem 90.Psalm.
„Unser Leben währet 70 Jahre, und wenn's hoch kommt, so sind's 80 Jahre, und was daran köstlich scheint, ist doch nur vergebliche Mühe, denn es fähret schnell dahin, als flögen wir davon" (Ps. 90, 10).
Die Zeit fliegt dahin, das ist ein Eindruck, je älter wir werden. – Eine alte Dame hat das einmal auf ihre Weise ausgedrückt. Sie sagte zu ihrer Enkelin: „Ich bin jetzt so alt ...Und

wenn ich nachdenke über mein Leben, dann war es eigentlich doch ganz kurz. Es kommt mir vor, wie wenn ich nur ein Mal die Dorfstraße hinaufgegangen wäre."

Mir gefällt das, wie sie ihr Leben anschaut. Die Dorfstraße, mal eilig, dann wieder eher bedächtig begangen. Vorbei an Häusern, an Menschen. Da und dort stehen geblieben, einen Schwätz gehalten, auf dem Bänkchen gesessen, Besorgungen erledigt.

Eine Dorstraße, da gibt es gute Nachbarschaft, Trauer im Nachbarhaus, Streit. Wesentliches taucht auf. Und auf das Wesentliche kommt es ja auch an. Der Psalmist regt zu Recht an, was ist daran köstlich? – Die einfachen Wahrheiten, sind köstlich. Sie konnten diesen Weg gehen. Sie durften ihn gehen. – Gewiss, die Zeit ist nicht aufzuhalten. Köstlich ist jedoch, sie wurden gehalten. Wer über sein Leben nachdenkt, trifft dabei auf Gott. Das geht gar nicht anders. Sie werden aus ihren 80 Jahren dieses oder jenes behalten. 80 Jahre sind eine Kostbarkeit. Sie werden behalten können, wir sind gehalten worden. Das macht dankbar und das ist tröstlich für alles, was kommt.

Amen.

3. Zeit ist Gnade - „Zeitmeditation"

Zeit ist – die Sekunde, die gerade war; die Minute, die vergeht; die Stunde, die jetzt ist; die Tage die waren und sind; die Jahre, die ich zähle.

Zeit ist - der Tag und die Nacht. Das Frühjahr, der Sommer, der Herbst und der Winter.

Zeit ist - Vergangenheit, Gegenwart und Zukunft.

Zeit ist – voller Alltage und Sonntage. Da und dort wird sie mit Hochzeiten gekrönt.

Zeit ist profan und heilig.

Zeit bleibt nie stehen. Sie läuft wie der Sand durch die Sanduhr, wie der Zeiger über das Zifferblatt.

Der Mensch ist das einzige Wesen, das um seine *Zeit* weiß. Der Mensch hat Anfang und Ende. Er weiß um seine begrenzte Zeit. Der Mensch hat Zeit und verfügt doch nie über deren Beginn und deren Ende.

Der Mensch hat *Zeit* und gerät in Zeitnot.

Zeit und Gnade

An der Zeit wird ersichtlich, was *Gnade* ist. Denn Zeit ist ein Geschenk. Zeit ist kostbar, das ist wiederum Gnade
Alles hat seine Zeit, weiß Kohelet (Prediger Salomo) und schwelgt in der Vielfalt der Zeiten. Er kennt die Gnade vielfältiger Zeiten.

Alles braucht seine Zeit, lässt sich dazu setzen. In der Natur wird das mitgeteilt. Pflanzen wachsen, Bäume treiben, Blumen blühen, Getreide reift... Menschen wachsen heran, werden erwachsen. Alles Kennenlernen braucht seine Zeit. Sich lieben lernen braucht seine Zeit....
Es ist *Gnade,* was in der Zeit werden darf.

„Meine Zeit steht in deinen Händen“ (Ps. 31, 16). Es ist *Gnade,* wissen zu können, woher wir kommen, wohin wir gehen und wessen wir sind zwischen Anfang und Ende.

Gottes Zeit inmitten der Weltzeit. ***„Es begab sich aber zu der Zeit...“*** (Lk. 2, 1). Es ist *Gnade,* Gott in der Zeit erfahren zu können.

„Als aber die Zeit erfüllet war, sandte Gott...“ (Gal. 4, 4). Es ist *Gnade,* dass Gott aller Zeit seinen Sinn gibt.

„Kaufet die Zeit aus“ (Eph. 5, 16). Es ist *Gnade,* die Zeit benützen, gebrauchen zu können.

Alle Zeit heißt bei Gott Ewigkeit.

Alle Zeit ist Gnade. Denn sie ist geschenkt und verliehen, ist gegeben und geliehen, ist anvertraut und zugetraut.
Zeit ist Gnade. Denn alle Zeit ist uns zur Verfügung gestellt und will verantwortet werden.

Zeit ist Gnade. Alle Zeit ist wertvoll; ist es wert, gelebt zu werden. Alle Zeit steckt voller Wert. Manchmal ganz offensichtlich. Manchmal schält sich der Wert erst heraus, wiederum im Lauf der Zeit.

Alle Zeit wird durch Gott zum Ort der Gnade. Hochzeit ist so ein Ort. Sie führt Menschen auf eine Höhe in ihrem Leben. Sie lässt Menschen etwas von Gottes hoher Wertschätzung des Menschlichen erfahren, der Mann und Frau füreinander geschaffen hat.

4. Konfirmation

a) „Senfkornglaube" (*Mt. 17, 20*)

Mt. 17. 20: ***„Wenn ihr Glauben habt wie ein Senfkorn, so könnt ihr sagen zu diesem Berge: Hebe dich dorthin, so wird er sich heben; und euch wird nichts unmöglich sein."***

Liebe Konfirmandinnen, liebe Konfirmanden. Liebe Festgemeinde.
„Pah!", sagte das Senfkorn. Es war verärgert. Die Menschen verkennen mich. Was klein ist, wird meistens übersehen. – „Pah!", wiederholte das Senfkorn. „Winzling nennen sie mich!". So eine Gemeinheit. Dabei wären ihm jetzt fast die Tränen gekommen.

Moment, was war das denn. Zwei Finger griffen nach dem Senfkorn. „Aber drück mich nicht zu fest", wollte es sagen. Die beiden Finger hoben es behutsam empor. „Lass mich bloß nicht fallen". In solchen Höhen war es noch nie gewesen. Das Senfkornherz klopfte ganz schön. Allmählich gefiel es ihm da oben. Und als die Stimme Jesu meinte: *„Wenn ihr Glauben habt wie ein Senfkorn"*, da war es durch und durch glücklich. Am liebsten hätte es laut gejuchzt. Herrlich! Endlich jemand, der meine wahre Größe sieht. Ich bin schließlich ein Kraftpaket. Wenn ich loslege, dann ... und wenn ich platze, dann.....

Glaube wie ein Senfkorn. Wer sieht schon, wie viel Glaube in einem Menschen steckt. Wer weiß denn, wie viel Glaube in euch Konfirmandinnen und Konfirmanden liegt. Wer kann denn von sich sagen, mein Glaube ist riesengroß.

Oft ist der Glaube wirklich klein. Dann zum Beispiel, wenn jemand spöttisch meint: „Was du gehst zum Gottesdienst, zur Kirche?!" – Dann wieder ist er klein, weil so vieles passiert, das einem niemand erklären kann. Wenn Jesus auf die Berge hinweist, dann fällt mir immer zuerst ein, vor welchen Bergen wir Menschen oft stehen. Schulberge, Hausaufgabenberge, Problemberge, Schuttberge aus lauter Zerstörtem, Arbeitsberge, Sorgenberge, weil es an Arbeit fehlt.

Herrlich, meint das Senfkorn. Endlich jemand, der sich nicht daran stört, dass ich klein bin. Er sieht meine wahre Größe. Er weiß, dass aus einem Senfkorn viel werden und wachsen kann. Ich mag das, dass Jesus den kleinen Glauben schätzt, völlig anerkennt.
Nach einem ¾ Jahr Konfirmandenzeit muss, ja kann der Glaube gar nicht gewaltig sein. Und wer Konfirmation feiert wie ihr, muss deswegen noch keinen großartigen Glauben haben. Glaube ist oft bescheiden. Doch er kann und wird wachsen, dazu macht Jesus euch Mut. Mir machen eher die Menschen Angst, die tun, als würden sie perfekt glauben. Ich erschrecke allerdings auch, wenn Menschen sagen, mit den Glauben bin ich fertig, geh mir bloß weg damit.

„Wenn ihr Glauben habt wie ein Senfkorn." Jesus nimmt euren Glauben wahr. Und weil er ein ganz kluger Mann ist, weiß er, ein Samenkorn ob Senfkorn oder Weizenkorn oder ein anderes Korn hat genügend Kraft. Daraus werden ja schließlich nach und nach neue Pflanzen wachsen. Keine Pflanze entfaltet sich von heute auf morgen. Das braucht Zeit. Alles Wachsen braucht Zeit. Erwachsen werden braucht Zeit. Und ich behaupte immer, wer erwachsen ist, wächst immer noch weiter.

Der Senfkornglaube kann Berge versetzen. Er wird sie nicht alle einebnen. Doch der kleine Glaube reicht, um sich einem Berg zu stellen. Um vielleicht auch mal trotzig zu sagen, vor dir fürchte ich mich nicht. Der kleine Glaube wird große genug sein, um hinüberzugehen, um sich mit jemandem zu versöhnen und zu vertragen. Der Glaube hat ein wahnsinniges Potential, um Müllberge abzubauen. Um Streitberge abzutragen. Um Berge von Vorurteilen zu beseitigen. Ihr habt Zeit, euren Senfkornglauben wachen zu lassen.

Dazu ist mir noch diese kleine Geschichte eingefallen. Ein junger Mann betritt einen Laden, ein Geschäft. Hinter dem Verkaufstisch steht ein Engel. „Was gibt es denn hier zu kaufen?", fragt der junge Mann. „Alles, was sie gerne hätten", antwortet ihm der Engel. Der junge

Mann ist ganz begeistert. „Dann hätte ich gerne das Ende aller Kriege in der Welt. Dass sich die Menschen verstehen und vertragen. Dass es keinen Hunger mehr gibt und Arbeit für die Arbeitslosen. Dann hätte ich gerne dass sich die Liebe durchsetzt und Vertrauen herrscht..." „Moment, Moment", unterbricht ihn da der Engel. „Sie haben mich nicht ganz richtig verstanden. Wir verkaufen keine fertigen Früchte, sondern nur den Samen".

Der Same ist bereits da. Der Senfkornglaube ist schon vorhanden. Er wächst und dann kann das mit dem Ende der Krieg, mit der Liebe werden. Ihr werdet sehen. Denn wer glaubt, dem ist nichts unmöglich.
Amen.

b) „Raumgreifendes" (*Ps. 31, 9)*

Ps. 31, 9: ***„Du stellst meine Füße auf weiten Raum."***

Liebe Konfirmandinnen, liebe Konfirmanden. Liebe Festgemeinde.

In dem Film *„Der Club der toten Dichter"* wird von Jungen erzählt. Sie leben in einem Internat im amerikanischen Staat Vermont.
Alles ist dort genau geregelt, der Tagesablauf ebenso wie die Kleidung und die Umgangsformen, der Unterricht sowieso. Sehr geordnet geht es dort zu, fast etwas steril. Einerseits sind Regeln durchaus nötig. Sie können einem freilich auch den Raum zur Entfaltung verengen.
Vermutlich fällt euch und uns dazu sofort einiges ein. Es gibt angenehme Räume. Etwa der Wohnraum, das jeweilige Zuhause, in dem wir gerne sind. Immer wieder sehnen wir uns allerdings nach Spielräumen, nach Freiräumen und Gestaltungsräumen.

Der Sommer ist vorbei. Das neue Schuljahr beginnt. Die Eltern bringen ihre Jungen ins Internat. Bisherige und neue Schüler betreten die Räume des ehrwürdigen Gebäudes. Zur Lehrerschaft gehört jetzt John Keating. Er war vor Jahren selbst Schüler des Internats. Sein Unterrichtsstil fällt auf. Der vorgegebene Raum ist zu klein. Er lässt sich nicht so ohne weiteres verändern.

Wer tut als könnte alles total anders gemacht werden, irrt. Wer behauptet, die Welt könnte auf den Kopf gestellt oder sogar neu erfunden werden, ist unrealistisch. Wir leben in Räumen, die uns nicht immer passen und die einem manches auferlegen. Sie sind weder leicht noch schnell zu verändern.

Lehrer Keating geht auf das Innere der Jungen ein. Denn die Einstellung und das Denken, die Sichtweise und die Empfindungen sind veränderbar. Es ist zu wenig, dass Menschen sich ausschließlich aufs Wissen und Lernen verlassen. Es reicht noch nicht, im Leben alleine auf Erfolg zu bauen und Wohlstand anzustreben. Woher soll denn der Mut kommen, phantasievolle Schritte zu tun, Schmerzen zu ertragen, stolz zu sein, am Leid zu wachsen, zu lieben, füreinander offen zu sein und in der Zeit der Ewigkeit zu begegnen? Er lehrt sie, Leben und Welt mit anderen Augen anzusehen. Herrliche Filmszenen entstehen. Etwa, wie er in seinem Unterricht einen Schüler nach dem anderen ermuntert, sich auf seinen Tisch zu stellen. Damit sie nicht alleine von Büchern her denken, sondern selbst schauen und neue Perspektiven gewinnen. Eindrucksvoll, wie er sie im Pausenhof im Gleichschritt gehen lässt, um deutlich zu machen, wie schnell gleichförmig und angepasst durchs Leben geschritten wird.

Wie gehen wir durchs Leben? ***„Du stellst meine Füße auf weiten Raum“*** (Ps. 31, 9). Das ist zuerst ein Satz für unser Inneres. Wer das sagt, hat viel von Gottes Weite erfahren. Sie wie eine Köstlichkeit in sich beheimatet. Wer so redet, trägt in sich, wie grenzüberschreitend Gott ist. Nichts ist Gott zu viel, um uns Menschen innerlich zu erreichen. Um uns damit zu überzeugen, wie viel Gutes unsere Gedanken denken können. Welche Herzlichkeit aus unseren Herzen kommen kann. Wie viel Seele das Leben lebenswert macht.

Gott weitet unsere Lebensweise. Gott überwindet Grenzen. Davon sind die Geschichten voll, dir wir von Gott kennen. Sie lassen sehen, was werden kann, wo Gott vertraut wird. Wie aufgebrochen wird, Wüsten durchschritten und neues Land erreicht wird. Wie erstes Aufbegehren in stille Dankbarkeit übergeht. Wie sich Irrtümer, Hass, Feindschaft und Trauer wandeln. Wie Gott in unserem Lebensraum Erde gegenwärtig ist. Darin Mensch wird und schließlich im Menschen Jesus die Grenze des Todes überwindet.

Es kommt darauf an, was in unserem Innenraum wohnt. Wie viel von Gottes Freiheit, seiner Weite, seiner Grenzenlosigkeit in uns ist. Von innen aus wird bestimmt, wohin unsere Füße gehen. Ob unsere Schritte tapfer und fest sind, so dass wir uns nicht verlieren. Eine der

großen Sorgen ist ja, wir könnten uns im Leben verlieren. Ständig unterwegs sein und nirgendwo richtig ankommen.
Von Gott gehen innere Freiheit und innere Weite aus. Und dann werden die Geschichten von damals zu eigenen Geschichten. Auf einmal seid ihr und wir es, die aufbrechen, die sich nicht weg- oder abschieben lassen. Auf einmal sind wir selbst es, die Grenzen überschreiten, über uns hinauswachsen und mit anderen zusammenwachsen. Auf einmal sind wir selbstbewusst, die Freiheit zu hüten und den Frieden zu pflegen.

Was in uns ist, das lenkt unsere Füße. Unsere Schritte werden sicherer. Die Angst vor dem Leben wird kleiner und die Ehrfurcht vor dem Leben wird groß. Die Liebe zum eigenen Leben und zu dem anderer blüht. ***„Du, Gott, stellst meine Füße auf weiten Raum"*** (Ps. 31, 9) Der Weg geht von innen nach außen. Die innere Freiheit macht äußerlich frei. Die innere Weite weitet das Leben.
Amen.

5. Mit Paul Gerhardt gepredigt

Liebe Gemeinde.
Paul Gerhardt ist Liederdichter gewesen. Er hat seine Texte nicht selbst vertont. Das haben andere getan. – Seine Liedtexte predigen. Seine Person tritt dahinter zurück. Es waren keine biographischen Anlässe, die ihn dichten ließen. In seinen Liedern spricht sich starker Glaube aus. Stark, also weder überheblich noch abgehoben. Sondern echt und überzeugend, erdennaher Glaube, der alles Leidvolle zulässt jedoch nicht stehen lässt, womit Menschen zu tun und zu kämpfen haben.

Da ist der Tag. Paul Gerhardt kennt das Glück des Erwachens. *„Die güldne Sonn voll Freud und Wonne bringt unsern Grenzen mit ihrem Glänzen..."* (EG. 449). Kein Morgen ist wie der andere. Jeder Morgen ist einmalig. Wie nur konnte ich das vergessen. Jede Nacht ist begrenzt. Begrenzt ist das Wissen, niemand weiß, was die nächste Stunde bringt. Da ist Licht, Gottes Licht. Es reicht für jeden Tag. Er kann noch so vollgestopft oder langweilig dürftig sein. – Jeder Tag hat einen Abend. Es ist gnädig, dass es Abend für gestresste, gesunde und kranke Menschen wird. *„Nun ruhen alle Wälder, Vieh, Menschen, Städt und Felder, es schläft die* *ganze Welt"* (EG. 477). Ruhe für aufgescheuchte Seelen. Es ist weitgehend abhanden gekommen, den Tag ruhig zu beschließen. Mit dem Tag versöhnt schlafen zu gehen. Frieden schließen mit allem, was an diesem Tag gelang und was nicht, was erledigt werden konnte und unerledigt geblieben ist. In der Ruhe liegt Segen. Aus der Ruhe wird gesegneter Schlaf.

Paul Gerhardt schätzt den Tag mit seinem Morgen und seinem Abend. Dann nimmt er uns bei der Hand und wandert mit uns durchs Kirchenjahr.
Er beginnt es fragend: *„Wie soll ich dich empfangen und wie begegn ich dir"* (EG. 11). Weder seine damalige Welt noch unsere heutige ist wie sie sein soll. Das löst Fragen aus. Glaube ist nie völlig fraglos. Die Welt kann anders werden durch den, der da kommt. Sie wird anders durch das Krippenkind. *„Ich steh an deiner Krippen hier, o Jesu, du mein Leben"* (EG. 37). Schweigen, staunen, empfangen. So viel Leben. Es entgegennehmen, aufnehmen. *„So lass mich dein Kripplein sein"* (EG. 37, 9). Behutsam geht Gott in Menschen ein. Damit beschenkt kann weiter gegangen werden.. Hin zum Jahreswechsel. Die Zeit bleibt nicht stehen. Das macht ängstlich. Oft zugedeckt von viel Lärm. Der Glaube geht anders damit um: *„Nun lasst uns gehen und treten mit Singen und mit Beten"* (EG. 58). Im Glauben kündigt sich Geborgenheit an. Der Glaubende birgt sich singend und betend in Gott.

Paul Gerhardt dichtet sich durchs Kirchenjahr. Darin liegt so viel guter, Leben schaffender Glaube. Auch für die schlimmsten Erfahrungen, die wir machen. Was müssen Menschen nicht alles ertragen. Es ist nur auszuhalten, indem wir betroffen anstimmen: *„O Haupt voll Blut und Wunden, voll Schmerz und voller Hohn"* (EG. 85). Am Kreuz, beim Gekreuzigten stehen bleiben und dabei standhaft werden. Und dann weitergehen. Nicht weil es weitergehen muss. Es darf und kann weitergehen. Denn wir werden von Ostern überrascht. *„Auf, auf, mein Herz mit Freuden, nimm wahr, was heut geschicht"* (EG. 112). Ostern bringt in Gang. Langsam, zögernd, zunehmend fester, zügiger. Lebensstark und dann geistvoll, geisterfüllt. Ein Problem aller Zeiten ist die Geistlosigkeit. Kriege sind geistlos. Paul Gerhardt und die damaligen Menschen haben 30 Jahre lang daran gelitten. Dass Menschen nichts Besseres einfällt. Dabei gibt es doch Besseres. *„Zieh ein zu deinen Toren, sei meines Herzens Gast... o hochgeliebter Geist"* (EG. 133). Gottes Geist, Jesu Geist an sich geschehen lassen. *„Du bist ein Geist der Freude..."* (EG.133, 6). *„Du bist ein Geist der Liebe..."* (EG. 133, 7). Gottes Geist verändert, sofern... Wussten sie, wie oft in Paul Gerhardts Liedern das Herz vorkommt? - *„Mein Herze soll dir grünen, in stetem Lob und Preis."* - *„Nimm Herz, Seel und Mut, nimm alles hin."* - *„Fröhlich soll mein Herze springen."* - *„Wenn mir am allerbängsten, wird um* *das Herze sein, dann reiß mich aus den Ängsten."* - *„Auf , auf, mein Herz mit Freuden."* - *„Zieh ein, sei meines Herzens Gast."*

Das Herz ist der Ort der Ängste und wo sie überwunden werden. Wo es hell wird und grünt, wo kindlich zartes und österlich kräftiges Leben aufkeimt. Ins Herz ziehen Freude und Geist ein. Wen wundert's, dass ihm der Sommer so sehr zu Herzen geht. *„Geh aus, mein Herz und suche Freud"* (EG. 503). Und dass dann in und aus ihm erklingt: *„Ich singe dir mit Herz und Mund"* (EG. 324). Er hat begriffen, was allem biblischen Reden von Welt und Schöpfung zu Grunde liegt. Nicht das Erklären, sondern das dankbare, frohe Staunen und Bewundern.

Seine Lieddichtungen führen uns durchs Kirchenjahr. Bis dorthin, dass wir mit unserer Zeitlichkeit in Gottes großer Ewigkeit einbezogen sind. Das Leben ist spannungsvoll und sperrig. Wir sind Gäste und Fremdlinge in dieser Welt. Wir erfahren: *„Ich bin ein Gast auf Erden"* (EG. 529). Mit seinen Liedern öffnet er uns eine Tür, ein Fenster zur Ewigkeit. *„Mein Heimat ist dort droben, da aller Engel Schar, den großen Herrscher loben"* (EG. 529, 7).

Paul Gerhardt weiß von der Bedeutung des Herzens. Er sucht sie mit seinen Liedern auf, damit darin Herzensfrömmigkeit werde. Damit uns begleite und leite: *„Mein Herze geht in Sprüngen und kann nicht traurig sein, ist voller Freud und Singen, sieht lauter Sonnenschein"* (EG. 351, 13).

Herzensfrömmigkeit, Herzensglaube. Letztlich auch darin: *„Befiehl du deine Wege und was dein Herze kränkt"* (EG. 361). Was für Wege ist er gegangen. Welche Wege gehen wir. Die Wegstationen sind meistens rasch aufgezählt. Bei ihm: Gräfenhainichen. Grimma, Wittenberg, Berlin, Mittenwalde, Lübben. Was freilich müssen Herz und Seele dabei für inner Wege zurücklegen. – Wie oft ist sein Herz gekränkt gewesen. Fürchtete er sich vor dem Gemeindepfarramt, das er erst mit 44 Jahren antrat? Er fühlte sich in seiner lutherischen Überzeugung gekränkt und blieb unnachgiebig. Der Tod von 4 Kindern und der seiner Frau (1667) kränkte sein Herz. Er kannte, wie Menschen einander kränken können. Das alles kennen wir auch. Wir kränken uns gegenseitig. Ist es verwunderlich, wenn Herzen darunter erkalten oder krank werden? – Das muss nicht so sein. Das Herz darf loslassen. Alles, was darin liegt an Selbstvorwürfen, an Gram, an Verletzungen, an dem Irrglauben, wir schaffen es alleine. Gott Wege und Herzenskränkungen überlassen und dabei Gelassenheit gewinnen. Das ist uns mit dem Glauben gegeben, uns Zeit zu lassen, um alles, wirklich alles Gott zu überlassen. Um frei zu werden für die Wege, die er für uns hat. Damit die Herzen daran

heilen: „*Der Wolken, Luft und Winden gibt Wege, Lauf und Bahn, der wird auch Wege finden, da dein Fuß gehen kann*“ (EG.361, 1).
Paul Gerhardts Lieder predigen. Jedes seiner Lieder ist eine Predigt. Sie gehen zu Herzen und entfachen darin Glauben. Wir hören und singen seine Lieder und lernen dabei unsererseits beherzt zu glauben.
Amen.

6. Posaunenchorjubiläum - „O Gott, du frommer Gott“

Lieber Jubilar ‚Posaunenchor'. Liebe Gemeinde.
Er hat das Lied für den Alltag geschrieben. Gesungen wird es allerdings meistens sonntags im Gottesdienst. Hier ist der Ort, wo der Alltag unters Wort, unter Klänge und unter Musik gerät. Von hier aus geht das Wort mit hinaus in die Werktage der Woche. – Johann Heermann (1585-1647) war Pfarrer und Liederdichter. Das gesungene Wort hat seinen eigenen Zauber, eine unbändige, urtümliche Kraft. Auch Choräle können zu Ohrwürmern werden, die einem nicht mehr aus dem Sinn gehen. Sie reichern das Unterbewusstsein an. Sie werden gesummt, halten Wortaussagen in einem fest. Es ist ein Lied fürs tägliche Leben, geradlinig, schnörkellos, praktisch. „*O Gott, du frommer Gott, du Brunnquell guter Gaben, ohn den nichts ist, was ist, von dem wir alles haben: Gesunden Leib gib mir und dass in solchem Leib ein unverletzte Seel und rein Gewissen bleib*“ (EG. 495).Wenn jemand fromm ist, dann doch Gott. Wir selbst sind ein Leben lang dabei, fromm zu werden. Martin Luther ist zu zustimmen: „Das Leben ist nicht ein Frommsein, sondern ein Frommwerden...“ Dabei unterstützen uns gespielte und gesungene Choräle. Sie können ständig wiederholt werden. - Noten verleihen einem Text eine eigene Lebendigkeit. Sie regen Kopf und Herz an. Ein Gottesbild erklingt. Gott, du Brunnquell. Gott fließt vor Lebenslust und Lebensdrang über. Gott der fröhlich sprudelnde Quellgrund. Großzügig hergebend, erfrischend. Das kann gar nicht völlig leise vor sich gehen. Da gibt es Worte zu hören und Musik. Martin Luther stellte die Theologie, das Wort und die Musik fast gleichwertig nebeneinander. Keine andere Kunst kann der Musik gleichkommen, schrieb er. Wort und Musik sind Gaben Gottes an uns. Sie kommen aus der Tiefe seiner selbst. Sie entspringen seiner Inspiration. Inspirare - einhauchen. Leben wird uns eingehaucht. Es äußert sich in Sprache und in Musik. Ohne Atem kein Reden. Wenn's uns den Atem verschlägt, wir atemlos sind, vermögen wir nichts mehr zu

sagen. – Ohne Atem, ohne Einhauchen blieben Instrumente stumm. Ein Posaunenchor weiß das. Erst der Hauch, in Trompeten und Posaunen, in Hörner und Tuben geblasen, entlockt diesen Tönen. Für 100 Jahre Posaunenklänge braucht es viel, sehr viel dieses Atems.100 Jahre zeugen von einem langen, beharrlichen Atem. Nur Gott, der Brunnquell, der vor Lebenshauch überquillt, kann etwas so herrliches wie die Musik hervorbringen.

Wir werden sie wohl nicht nur mit gesundem Leib und unverletzter Seele vernehmen. Johann Heermann war zeitlebens, von Geburt bis zu seinem Tod krank. Seine Seele war sicher nicht unverletzt. Doch Musik und Lieder tun Leib und Seele gut. Sie erreichen Gesunde und Kranke. Ihr gelingt es, uns aus der Fassung zu bringen. Gelegentlich sogar aus unserer zu starren Verfasstheit. Wird dabei der Körper nicht eigentümlich, fast tänzerisch leicht, entkrampft, entspannt, erleichtert. Und nährt die Musik nicht nach wie vor unsere verletzten, angeschlagenen, wunden Seelen? - - Die innere Unruhe vermag sie zur Ruhe zu führen. Ihren Schmerzen verleiht sie Trost. Das Vergessene ruft sie in Erinnerung. Verhärtetes weicht sie auf. Unvollkommenes lässt sie Vollkommenheit ahnen. Düsteres hellt sie auf. Zukunft wird sichtbar. - Musik ist für die Seele wie Nahrung und wie ein Bad. So ist es nun Zeit, dass unsere Seelen in den Tönen des Posaunenchores baden. Dass sie eintauchen in die Klänge von *„O Gott, du frommer Gott…“* Und dann will es gesungen sein. Singen wir danach selbst die Strophen 1-3 aus Nr.495.

Daran lag Johann Heermann, dass Gott in den Alltag kommt. Dorthin, wo wir tätig sind und Fleiß angebracht ist. - Fleiß hat jene geleitet, die vor 100 Jahren spielend, musizierend durch das damalige Dorf zogen. Fleißiges Üben war in den vielen Jahren und ist heute unerlässlich. Und das immer wie stets *„…zu der Zeit, da ich soll…“* (EG. 495, 2). Jetzt Donnerstag für Donnerstag. Fleißiges Tun, damit das Werk gerate wohl. Töne müssen zusammenfinden. Menschen desgleichen. Musik, diese Gottesgabe, bringt das fertig. Sie führt zusammen. Ein Posaunenchor bringt zu Gehör, es geht. Aus verschiedenen Instrumenten wird ein Ganzes. Die Unterschiede bleiben bestehen. Eine Trompete hat ihre Stimme und eine Tuba klingt anders. Trotzdem passen sie zusammen. Sie brauchen einander in je ihrem Sosein. Auch mit dem gelegentlichen Misston, der aus ihnen kommt. Und dennoch, es gerät wohl. Es geht, das Miteinader in der Verschiedenheit. Alle Musik entspringt ja dem Atem Gottes, seinem Geist. In der Musik, im Spiel der Instrumente wirkt Gottes schöpferisch verbindender Geist. - Das fleißige Üben lohnt sich. Vielleicht müssten wir's alle mehr den Bläserinnen und Bläsern gleich tun. Reichlich und fleißig üben. Zuerst und vor allem das sonntägliche Beisammensein üben. Damit unser aller Tun wohl gerate. Damit Kirche gerät. Damit das wirklicher wird: *„Hilf, dass ich rede stets, womit ich kann bestehen, lass kein unnützes Wort aus meinem Munde gehen…“* (EG.495,3). Musik ist eine der Sprachen Gottes. Der Posaunenchor greift sie auf. Gebraucht sie.

Noch verfangen wir uns freilich in manch unnützen Worten. Noch ist manches Reden mehrdeutig dumpf. Noch ist nicht jeder Ton rein. Deshalb sagen, musizieren, singen wir weiter: *„Hilf, dass ich rede stets, womit ich kann bestehen.“* Es ist weiter hörbar zu machen, was uns Bestand gibt, das ehrliche Wort und die ihr entsprechende Musik. Darin besteht ja Menschsein aller Zeiten, dass wir reden und singen, sprechen und musizieren. Das macht Menschsein aus, dass wir je unserem Amt nachkommen. Das ist tiefste evangelische Glaubensüberzeugung, jede und jeder hat ein Amt, eine Aufgabe, seine Aufgabe. Jede und jeder hat etwas zu sagen mit Worten oder mit Musik oder mit beidem. Und es wird immer mit daran hängen, wie wir's sagen. Worte haben ihre Kraft und Musik die ihre. Sie hinterlassen Eindrücke, sind nachdrücklich und nachhaltig. Sie schaffen eine Kultur des Lobens dessen, der Brunnquell aller guten Gaben ist. Jede und jeder ist begabt.

In Wort und Musik erschließt sich uns Gott. Mit Worten und der Sprache der Musik vermögen wir Räume zu erschließen, in denen wir beieinander wohnen können. Sie schlagen ihre Literatur auf und haben den Notenschlüssel vor Augen. Das Aufschließen gehört ständig zu ihnen. – Johann Herrmann wusste, Melodien tragen das Wort zu uns Menschen. Manches lässt sich besser spielen und singen als sagen. Vielleicht taktvoller, weil ja ihr Spielen je seinen Takt hat. Darüber werden jene Töne geweckt, die in den weiteren Strophen dieses Chorals angeschlagen werden. Sie heißen Heldenmut und Leidensstärke, Überwindung von Feindschaft, Friede und Freundschaft. Sie werden Geduld mit sich und dem eigenen Alter genannt. Bis hin zum Sterben, das bereits in Auferweckung eingelassen ist. Eben all das, womit wir täglich zu tun haben. Sie haben ein wundervolles, großartiges Amt, dem sie hier im Gottesdienst nachkommen. Das sie draußen praktizieren. Gott kommt uns nahe im guten Wort, im guten Ton. Noten sind in der Ursprungsbedeutung des Wortes „Kennzeichen, Merkzeichen“. So ist an ihrem Spiel etwas von Gott zu erkennen, dem Brunnquell guter Gaben. Es macht ihn bekannt. Ihr Spiel lässt zugleich aufmerken. Es macht aufmerksam, wie Gott im Alltag zur Welt kommt.

Amen.

7. Pflanzen der Bibel - „Mit Pflanzen gepredigt“

Liebe Gemeinde.

„Dagegen ist kein Kraut gewachsen“, sagt der Volksmund. Manchmal stellt sich dieser Eindruck tatsächlich ein. Wir Menschen können recht unbelehrbar, hartnäckig, widerborstig, abweisend sein. Manchmal möchte man davor genervt, kleinlaut, verärgert kapitulieren.

Doch jetzt, wo es um uns herum grünt und blüht, wo hier und draußen Pflanzen als Blumen, Stauden, Bäume begegnen, regt sich Widerspruch. Erzählen die vielfältigen Pflanzen nicht gerade vom Gegenteil, wie es wächst.

Vor und in unserer Kirche hat sich eine ganz eigene Vegetation versammelt. Wer die Kirchentreppen hinauf steigt, betritt eine eigene Pflanzenwelt. Ein Hauch von biblischen Bäumen weht einem entgegen und breitet sich anregend aus.

Biblische Geschichten stellen sich ein. Auf einmal kann ich Abraham im Hain Mamre sitzen sehen, beschattet von Bäumen (Gen. 18). Überrascht, wie er in der Mittagshitze Besuch empfängt. Wer ist schon zur heißesten Tageszeit unterwegs? Gott, stellt er fest. Gott ist immer unterwegs, um Menschen seine Verheißungen ins Herz zu schreiben.

Die Gerste hier vorne lässt mich an Ruth denken, wie sie über das abgeerntete Gerstenfeld geht und Ähren sammelt. Gerstenbrot ist das Brot der Armen, etwa der Witwen. Ruth und ihre Schwiegermutter sind verwitwet. Sie, die Fremde, die Ausländerin, wird Boas treffen. Ihre Begegnung wird zur Heirat führen. Eine wunderbare Liebesgeschichte. Was die Liebe doch vermag, wenn sie tatsächlich und alleine bestimmt. Dann können sogar jene Trennungen fallen, die Menschen in Einheimische und Fremde einteilen. In dieser Liebe leuchtet etwas von Gottes Liebe auf, die jede Grenze überwindet.

In diesen Tagen kommen uns einige biblische Pflanzen ganz nahe. Sie bringen mir biblische Geschichten näher. Sie erinnern, Pflanzen nützen den Menschen hier wie dort, damals wie heute. Aus Weizen und Gerste werden Mehl und Brot. – Wo der Weinstock wächst, können Trauben geerntet und gekeltert werden. Wer einen Weinstock oder Weinberg besitzt, ist reich. – Aus Oliven wird Öl gepresst. Es unterstreicht menschliche Schönheit und wird zum Lampenlicht. Menschen werden damit herausgehoben und beauftragt. Samuel fällt mir ein, der Saul aufsucht, um ihn zum König zu salben. Derselbe Samuel wandert nach Bethlehem und salbt den Hirtenjungen David zum König. - Pflanzen nützen uns Menschen. Feigen,

Datteln, Granatäpfel können gegessen werden. Sie schmecken und ernähren. Das Holz der Bäume war schon immer Baumaterial. Aus den Zweigen der Palmen werden unter anderem Hausdächer.

An biblischen Pflanzen kann sich der Glaube orientieren. Pflanzen sind ihrerseits eine Sprache Gottes. Wer eine Palme betrachtet, ihren Wuchs, ihre Standfestigkeit, kann zu dem Schluss kommen: ***„Der Gerechte wird grünen wie ein Palmbaum…“*** (Ps. 92, 13). Das stimmt, gerechte, aufrechte, rechtschaffene Menschen sind erfrischend und belebend. So eine Palme führt zu dem Gedanken: ***„Die gepflanzt sind im Hause des Herrn, werden in den Vorhöfen unseres Gottes grünen“*** (Ps. 92, 14). Kann denn dem Leben besseres passieren, als dass es in festen guten Boden verwurzelt ist. Es gibt keinen besseren Grund als den Grund Gottes, so dass das Leben gedeiht und wächst. So dass Leben den Anstürmen und Anforderungen gewachsen ist.

In biblischen Pflanzen steckt mehr als alleine Nutzen oder Schönheit. Sie reden vom Glauben, weisen darauf hin und machen ihn ansichtig. ***„Lernt vom Gleichnis des Feigenbaumes“***, sagt Jesus, ***„wenn seine Zweige jetzt saftig werden und Blätter treiben, so wisst ihr, dass der Sommer nahe ist“*** (Mt. 24, 32). Von einem Feigenbaum kann Gewissheit gelernt werden, die bei uns Menschen recht brüchig sein kann. Wer hat denn immer diese feste Überzeugung in sich, so wie ein Feigenbaum unbeirrbar treibt und blüht, so gewiss wird Gott uns entgegenkommen.

Biblische Pflanzen werden zu Bildern des Glaubens. Der Weinstock und der Feigenbaum bebildern die Zukunft Gottes. Wer einen Weinstock und einen Feigenbaum besitzt, ist reich. Wer nicht, ist arm. Bis in unsere Tage zerklüftet der Besitz die Menschheit. Gott gibt uns die Vision von seinem Schalom:
„Zu der Zeit, spricht der Herr, wird einer den anderen einladen unter den Weinstock und unter den Feigenbaum“ (Sach. 3, 10). Jeder hat seinen Weinstock und seinen Feigenbaum. Alle Zankerei und Streiterei hört auf. Die Unterschiede fallen weg. Da ist ganz Frieden, Heil und Segen, eben Schalom, für alle geworden.

Wie viel einem doch Pflanzen sagen können. Vielleicht lassen wir sie zu wenig reden. Wer achtet denn auf das Gras. Eher noch auf die Blumen, die sich wie Farbtupfer dazwischen herausheben. Ihre Botschaft ist klar und zugleich gnädig. Eigentlich gehen sie erträglich vor, wenn sie uns mitteilen: ***„Das Gras verdorrt, die Blume verwelkt…“*** (Jes. 40, 8). Sie lassen keinen Zweifel daran, alles vergeht. Wehmütig nehmen wir das wahr und halten es uns doch gerne fern. Unvergängliches gibt es nicht. Oder doch: ***„…aber das Wort unseres Gottes bleibt ewiglich“*** (Jes.40, 8/Lk. 21, 33/1. Petr. 1, 24.25). Bleibendes geht nur von Gott aus. Aber das reicht ja auch. Sein Wort hält. Es hält zu uns. Es hält uns durch.

Die Pflanzen der Bibel überzeugen mit ihrer Schönheit und ihrer Kraft. Die Zedernwälder des Libanon(die es kaum noch so gibt) ebenso wie die Lilien auf dem Felde. Das winzige Senfkorn, aus dem ein Strauch wird genauso wie die Früchte, die geerntet werden können. Unser Glaube ähnelt mal dem, mal jenem. Doch selbst der Senfkornglaube schließt das andere nicht aus: ***„An ihren Früchten sollt ihr sie erkennen. Kann man den Trauben lesen von den Dornen oder Feigen von den Disteln“*** (Mt. 7, 16). Jesus hat recht. Die Pflanzen machen es uns vor. An einem Weinstock wachsen Trauben, an einem Feigenbau Feigen, an einem Apfelbaum Äpfel… Jesus klärt auf. Klärt uns auch über uns selbst auf. Wer ihm folgt, wird an Eindeutigkeit und Klarheit zunehmen.

Die Pflanzen der Bibel sind mehr als alleine ein Stück Natur. Sie fördern Glauben. Und der Glaube widerspricht als sei dagegen kein Kraut gewachsen. Martin Luther hat das auf seine Weise erkannt und formuliert: *„Die Heilige Schrift ist ein Kräutlein, je mehr du es reibst, desto mehr duftet es.“*

Die Schrift erzählt von Gott und Mensch, von Tieren und Pflanzen. In diesen Tagen kann das unmittelbar geschehen, an den Pflanzen und an den Worten der Bibel zu reiben. Es kann sein, dass wir uns dabei an diesem oder jenem tatsächlich reiben. Manches schmeckt süß wie Datteln, Feigen und Granatäpfeln. Anderes kann etwas bitter schmecken, wie die Bitterkräuter, die Israel bis heute auf den Passahtisch stellt. Der Duft mag sich erst allmählich zeigen. So ist es halt mit dem Duft der Pflanzen. Mal kriecht er üppig in die Nasen und kann nicht oft genug eingesogen werden. Mal ist er sanfter, bedeckter, bis auch er nicht mehr gemisst werden möchte. Dabei wird sich einstellen, dass wir selbst stets Wachsende im Glauben sind. Und dass der Glaube wirklich vielem gewachsen ist. Das teilt uns Gott auch in und durch Pflanzen mit.
Amen.

8. Hoffnung - Von der Kraft der Hoffnung“ (*Rm. 15, 13)*

Liebe Gemeinde.

Ich möchte von der Hoffnung erzählen. Es ist die Hoffnung, von der Paulus im Brief an die Römer, Römer 15, 13, schreibt:

„Der Gott der Hoffnung aber erfülle euch mit aller Freude und Frieden im Glauben, dass ihr immer reicher werdet an Hoffnung durch die Kraft des heiligen Geistes.“

Die Hoffnung war nun schon lange unterwegs. Der Gott der Hoffnung hatte sie ins Leben gerufen und losgeschickt. *„Geh“,* meinte er zu ihr, *„alles Lebendige braucht meine Hoffnung. Das Saatkorn muss sie haben, damit es zu seiner Zeit keimt und grünt. Sie muss in den Blumen stecken, damit die jedes Jahr zu blühen wissen. Und vor allem, meine Menschen brauchen sie.“*

Seitdem wanderte die Hoffnung Gottes durch die Welt. Sie hatte sich gar nicht gemerkt, wie viele Jahrhunderte sie das jetzt schon tat. Das war auch egal. Hauptsache, sie war da. Inzwischen sah sie allerdings ein bisschen mitgenommen aus. Das war ja auch nicht verwunderlich bei dem, was sie alles erlebte. Kürzlich suchte sie einen Mann auf. *„Bei mir bist du fehl am Platz“*, fuhr er die Hoffnung Gottes an. *„Ich denke positiv! Das reicht mir.“* Typisch Mensch, dachte die Hoffnung. Sie meinen doch wirklich, mit allem alleine fertig zu werden.

Einmal klopfte sie an eine Haustür. Sie ging auf. Misstrauisch wurde sie angeschaut. *„Wer bist denn du?“* - *„Ich bin die Hoffnung Gottes“,* antwortete sie strahlend und wollte schon hinein schlüpfen. „Moment, ich bin Optimist“ und peng war die Tür zugefallen.

Ein andermal sah sie eine Frau müde und bedrückt die Straße entlang kommen. Bei ihr bin ich bestimmte willkommen. Und schon ging Gottes Hoffnung auf sie zu. Du siehst traurig aus, meinte sie und stellte sich vor. Die Frau nickte. *„Ich würde gerne in deinem Herzen wohnen“.* Die Frau wehrte ab. *„Du willst mich doch bloß auf eine andere Welt vertrösten. Ich brauche jetzt Hoffnung, jetzt...“* Dabei entfernte sie sich mit schnellen Schritten. *„Aber ich bin doch Gottes Hoffnung für heute, für diese Welt“,* rief sie hinterher. Vergebens.

Deswegen also sieht die Hoffnung Gottes etwas mitgenommen und zersaust aus. Es ist halt schwer als Hoffnung Gottes bei den Menschen anzukommen. Manches Mal seufzte sie. *„Wenn es doch mehr Leute wie Paulus gäbe“,* sagte sie dann zu sich selbst. Ein Paulus wusste, ohne Hoffnung Gottes geht nichts, aber auch gar nichts. Ohne Hoffnung Gottes bleibt alles wie es ist. Paulus hatte ganz auf die Hoffnung Gottes gesetzt als er sich anschickte nach Rom zu reisen, um die dortige Christengemeinde zu besuchen. Er hatte bereits gehört, bei denen ist immer wieder dicke Luft. Die Christen und Christinnen verstehen sich nicht dauernd. Christinnen und Christen können ganz schön heftig und garstig zueinander sein. Die einen kommen sich unheimlich glaubensstark vor. Sie können nicht mit den glaubensschwachen. – Die Hoffnung atmete tief durch. Wie oft schon war sie auf solche Probleme getroffen. Bis in diese Tage hinein. Die einen sind mehr konservativ geprägt, andere eher progressiv. Dabei betonen sie doch nur je andere Akzente von ein und demselben Evangelium. – Paulus war klar, im Gegeneinander, in gegenseitiger Missachtung, in Gleichgültigkeiten hilft weder positives Denken noch Optimismus noch der Hinweis auf Gottes andere Welt. Damit wird nichts erreicht. Da muss Handfestes her. Eine Hoffnung, die Hand und Fuß hat. Gottes Hoffnung hat Hand und Fuß. Gott hat der Menschheit einmaliges gegeben: Jesus Christus. Seine Liebe zu allen ob gesund, krank, gescheitert, verzagt, wohlhabend. Damit hat er die Hoffnung stark gemacht, dass seine Liebe menschliches Gegeneinander abbaut. – Gott hat in ihm die Freude an allem, was lebt bestätigt. Und damit die Hoffnung gestärkt, dass die Freude aneinander der Hauptton trotz aller Unter- und Nebentöne werde. – Gott hat in ihm den Frieden aufgerichtet, der dem Wohlgefallen Gottes an allen Menschen entspringt. Damit hat er die Hoffnung genährt, dass sein Friede die gegenseitige Achtung von Mensch zu Mensch ermöglicht. Es ist eine Hoffnung, die in der Auferstehung Jesu Christi den Blick über die vorfindliche Welt hinaus erlaubt.

Die Hoffnung lächelte. Nun zog sie bereits seit Urzeiten durch die Welt. Mal missachtet und mal beachtet. Mal angenommen, mal zurückgewiesen. Paulus hat ganz richtig erkannt, darum festgehalten: *„Der Gott der Hoffnung erfülle euch..."* Es ist wie mit so vielem. Es ist nicht selbstverständlich, dass Gottes Hoffnung ankommt. Darum muss gebetet werden. Doch wo sie ankommt, lenkt sie Blicke und Herzen und Ohren zu Jesus Christus hin. Weckt auf und entfacht das Hoffnungsfeuer. Von ihm geleitet, werden Menschen weder beim positiven Denken noch beim Optimismus stehen bleiben noch in Vertröstungen ausweichen. Sie werden davon erfüllt sein, seine Freude und sein Frieden heben auf. Holen aus Glaubensecken, Glaubensverstecken, öffnen füreinander. Bauen Brücken. Eröffnen so Zukunft, in die Menschen miteinander hineingehen als seine Gemeinde, seine Kirche. Hoffnung hat ihren Grund in Gott und seinem Christus. Davon lebt Hoffnung, darauf lebt sie zu.

Geh, hatte Gott zur Hoffnung gesagt. Halte dich in der Welt auf, halte dich bei den Menschen auf. Die Hoffnung Gottes ist weiter unterwegs. Womöglich saß sie gerade neben uns, hat an uns gezupft oder ist sogar ins Herz gekrochen. An der Hoffnung Gottes trägt niemand schwer. Sie ist leicht und sie macht es einem leicht, der Liebe, der Freude, dem Frieden Jesu Christi unendlich viel zuzutrauen. Darum reicher zu werden an der Hoffnung, dass es uns mit seiner Liebe, seiner Freude, seinem Friede mehr Miteinander gelingt. Gottes Hoffnung ist kräftig und lebendig. Denn in ihr wirkt der Heilige Geist.
Amen.

9. Heimat - „Jubiläum des Heimatvereins"

Gerne begrüße ich sie in der Bartholomäuskirche und heiße sie herzlich willkommen. Für den Festvortrag zum 25-jährigen Jubiläum des Heimatvereines ist die Kirche der richtige Ort. Unsere Kirche war ja mit betroffen vom „Ortsbrand 1810". Zugleich liegen die Ursachen für diesen Ortsbrand mit oder ganz im kirchlichen Leben begründet. Wir werden es über den Festvortrag hören und erfahren.

Wer sich der Heimat widmet, wie es der Heimatverein Nordheim tut, widmet sich einem hohen Gut. Mit das Kostbarste, was Menschen vorfinden und erfahren, ist in dem Begriff *„Heimat"* enthalten. Heimat prägt Menschen und sie wird von Menschen geprägt. Keine Heimat zu haben, ist etwas vom Schlimmsten, das Menschen widerfährt. Wer sich mit der Heimat befasst, beschäftigt sich mit Orten, Straßen, Häusern und Gebäuden wie Schule, Kirche, Rathaus. Wer sich der Heimat annimmt, trifft dabei auf Kulturelles, auf Feiern, Feste und Vereine. Wer die eigene Heimat betrachtet, begegnet Menschen, die hier geboren wurden und zugezogen sind, die hier aufwuchsen und immer im Dorf geblieben sind, die hier herkamen, um nicht nur zu wohnen, sondern zu leben.

Wenn ich an Heimat denke, folge ich gerne dem Philosophen Karl Jaspers (1883 – 1969): *„Heimat ist, wo ich verstehe und verstanden werde."* Der Heimatverein hilft mir zu verstehen, was es mit den Straßen und Häusern, mit der Kultur und den Menschen auf sich hat. Der Heimatverein macht transparent, wie das Heute geworden ist. Geschichte ist immer eine Weise des Verstehens. Jaspers weist zu Recht darauf hin, dass das gegenseitige

menschliche Verstehen unverzichtbar ist, um sich heimisch zu fühlen. Um sagen zu können, hier bin ich daheim.
So danken wir ihnen von ganzem Herzen, dass sie uns im Verstehen des Dorfes und seiner Menschen unterstützen. Dass sie uns damit auch darin helfen, was Cicero (106 – 43.v.Chr.) so ausdrückte: *„ubi bene, ibi patria."* Also: "Wo es mir gut geht, da ist meine Heimat." Der Abend mit Vortrag und Ausstellung wird das erneut belegen, dass es uns hier im Ort gut geht und dass es gut ist, hier heimisch zu sein.

10. Feuerwehr - „Vom Schutz"

Ich habe die Gelegenheit bekommen, Ihnen seitens der Kirchen zu gratulieren.
Eigentlich war 1909 ein recht unauffälliges Jahr. Wer weiß schon, dass 1909 erstmals synthetischer Kautschuk hergestellt werden konnte oder dass der erste elektrische Toaster auf den Markt kam. Wer erinnert sich daran, dass 1909 Kaiser Wilhelm II seinen 50. Geburtstag feierte (27. 01. 1909/ 1859 – 1941) oder dass Phönix Karlsruhe deutscher Fußballmeister geworden ist (am 30. 05. 1909 gegen Viktoria Berlin, 4:2 Sieg).
1909 war ein verhältnismäßig normales Jahr. Allerdings nicht für die damaligen Nordheimerinnen und Nordheimer. In diesem Dorf geschah Unvergessenes und Prägendes. Denn hier wurde die Freiwillige Feuerwehr Nordheim gegründet.
(1811 franz. Regierung gründet erste Feuerwehr in Saarlouis nach einem Brand. 1835 erste deutsch gegründete Feuerwehr in Kierspe- Neuenhaus/Nordrhein-Westfahlen).

Sie feiern im Mai ihr Jubiläum. Am 04. Mai ist der Gedenktag des Schutzpatrons aller Feuerwehren, also des Hl. Florian (+ 04.05.304 in Lorch. Diokletians Christenverfolgung 303-305. 313 dann religio licet (Anerkennung der christl. Religion) unter Kaiser Konstantin)). Dieser Florian setzte sich im Jahre 304 für gefangene Mitchristen ein. Deshalb ist es nachvollziehbar, dass er zum Schutzpatron der Feuerwehren wurde. Sich für das Leben anderer einsetzen, das ist in der Feuerwehr institutionalisiert. Alles Leben, Hab und Gut, die gesamte Schöpfung sind schützbedürftig und schutzwürdig. Damit sind ihre Aufgabenfelder angedeutet. Schutzbedürftig sind sie selbst, wenn sie sich in diese Aufgaben hineinbegeben, um zu retten, zu bewahren, zu erhalten.

Nicht alleine der Schutzpatron, sondern auch das Vokabular „schützten, retten, befreien, bewahren“ zeigt die enge Verbindung zwischen Feuerwehr und Kirchen. Eine innere Verwandtschaft ist erkennbar. Eben weil Leben stets gefährdet ist. Weil alles Leben zerbrechlich, verletzlich ist, bedarf es derer, die sich einsetzen, die retten.
Und wenn sie im Vollsinn des Wortes auf ihre Fahne schreiben: *„Gott zur Ehr“,* so wird daran deutlich, sie wie wir folgen Gott, dem Urheber des Lebens, dem Liebhaber des Lebens, der auf Seiten der Leidenden steht.
Ob ihnen oder den Generationen der Feuerwehrleute vor ihnen jemals bewusst wurde, bewusst ist: Wir ehren den Gott alles Lebens wenn wir unsere Übungen vollziehen, uns rufen lassen, ausrücken. Wenn wir, was ja bereits der Heilige Florian tat, unter Einsatz des eigenen Lebens anderes Leben zu retten bemüht sind.

Im Grunde genommen ist ihre Losung: *„Gott zur Ehr, dem Nächsten zur Wehr“* eine Wiedergabe des Doppelgebotes der Liebe. In ihm heißt es ja, Gott lieben und deinen Nächsten lieben wie dich selbst. Sie machen das ganz praktisch. Sie ehren, lieben Gott und sind dem Nächsten zugewandt, so gut es geht. Ihnen liegt daran, Unheil abzuwehren und zu beseitigen. Ihr Tun als Feuerwehrfrauen und Feuerwehrmänner hat durchaus eine geistliche Dimension. Im Grunde stehen sie und wir als Kirchen in einer tiefen inneren Verbundenheit. Die Seelenverwandtschaft zwischen Feuerwehr und Kirche ist groß. Ihr Jubiläum ist ein schöner Anlass, sie wenigstens anzutippen.

11. Besuchen - „Unterwegs in der Gemeinde“

Liebe Gemeinde.
Ihre Schritte sind eher leise. Doch sie hinterlassen Spuren. Sie machen sich immer wieder auf den Weg und begeben sich zu Menschen hin. Suchen auf und besuchen. ***„Es ist nicht gut, dass der Mensch alleine sei“*** (Gen. 2, 18). Das ist auch eine zutreffende, allgemeine Wahrheit. Sie ist zudem zeitlos. Der griechische Philosoph Diogenes hat sie seinerseits aufgegriffen. Am hellerlichten Tag ging er mit einer angezündeten Laterne über den geschäftig bevölkerten Athener Marktplatz und rief: *„Ich suche Menschen.“* - Die Menschen sind da. Sie wohnen hier im Ort, gleich nebenan, in der nächsten Straße, in Neubaugebieten. Vielleicht leben sie schon immer hier oder schon lange oder erst seit Kurzem. Doch wer

besucht sie? Sie gehen dorthin. Sie klingeln an Haus- und Wohnungstüren. Sie betreten Räume. Auch jene Menschenräume, wo Schritte müde geworden sind, beschwerlich und anstrengend.

Sie fragen, wie es geht. Diese Frage erinnert wieder an die Bewegtheit des Lebens mit seinen vielen, vielen Wegen, mit dem Älterwerden und mit Umzügen. Mit jenen Erfahrungen, dass manchmal alles nur mühsam geht. Manchmal können die Füße gar nicht mehr. Um so dringender ist es, dass sich erstarrte Seelen wieder bewegen lernen.

Mit ihren Schritten und Spuren bringen sie Gott zu den Menschen. Gott ist in der Welt. ***„Er hat besucht und erlöst sein Volk"***, jubelt ein Zacharias (Lk. 1,68). Jesu Fußspuren sind unübersehbar. Am Ufer des Sees Genezareth wurden sie sichtbar als er die Lebenswelt jener Fischer betrat, ihnen seine ganze Beachtung schenkte. Sie lasen in seinen Augen, so sieht einen Gott an. Sie hörten in seiner Stimme Gott reden, so dass alle Scheu fiel, sie ihre Wichtigkeit bemerkten und ihm nachfolgten. ***„Folgt mir"*** (Mt., 4, 19). Petrus und Andreas, Johannes und Jakobus sind mit ihm gegangen.
Gott zu den Menschen bringen. Bei Zachäus sind sie eingekehrt (Lk. 19). Ins Haus des frommen Simon ist er gegangen (Mk. 14). Im Hause Marias und Marthas hatten sie sich aufgehalten (Lk. 10). Er ging zu Gesunden und Kranken. Er erzählte Geschichten vom Suchen. Etwa vom Hirten, der ein einziges Schaf sucht (Lk. 15). Von der Frau, die ihren verlorenen Groschen sucht (Lk. 15). Schritte hin zu Menschen, damit sie spüren, du bist gewollt und geachtet, du bist geliebt.

Gott zu den Menschen bringen. Und dann schickte er jene los. ***„Geht, predigt, sprecht, das Himmelreich ist nahe herbeigekommen"*** (Mt. 10, 7). Etwas von seinem Himmel leuchtet auf, wo Aufmerksamkeit zu Menschen gebracht wird. Wo Beachtung gegeben wird. Wo mitgeteilt wird, herzlich willkommen. Hingehen und da sein. Für eine Zeit ganz da sein. Entgegennehmen, was ein Mensch mir mitteilt. Entgegennehmen, auch wenn ich es nicht immer verstehe. Ich muss und kann nicht alles verstehen. Unsere Ansichten und Meinungen müssen nicht eins sein. Aber da sein. Ganz da sein, ungeteilt und echt. *„Geht, predigt..."* Von Franz von Assisi wird erzählt, wie er sich eines Tages mit einem jungen Bruder auf den Weg macht. Sie verlassen das Kloster um zu den Menschen zu gehen und ihnen zu predigen. Sie sind lange unterwegs und bereits vielen Menschen begegnet. Allmählich wird der junge Mönch etwas ungeduldig. *„Wann predigen wir denn endlich den Menschen?"*, fragt er schließlich etwas gereizt. *„Aber wir haben doch die ganze Zeit gepredigt"*, antwortet ihm Franziskus. *„Wir haben doch gepredigt, indem wir bei den Menschen waren, sie aufsuchten, ihnen zuhörten und ihren Kummer teilten."*

Zu Menschen gehen und ihnen Gott bringen. Den Schritten und Spuren Jesu folgen. Alles Besuchen ist ein Christusdienst. Im Besuchen wird wahr: ***„Ich bin ein Fremder gewesen, und ihr habt mich aufgenommen. - Ich bin krank gewesen, und ihr habt mich besucht. - Ich bin im Gefängnis gewesen, und ihr seid zu mir gekommen."*** (Mt. 25, 35.36).
Das alles ist er ja selbst gewesen, fremd und krank, verwundet und gefangen. Im noch fremden Menschen begegnet er. Im Kranken treffe ich auf ihn. Im Gefangenen kommt er auf mich zu. Das erklärt jenes Geheimnis, dass wir selbst wachsen, obwohl wir uns schwach vorkamen. Dass wir getrösteter weggehen als wir gekommen sind. Dass nicht wir die Gebenden, sondern die Beschenkten sind.

Sie gehen. Ihre Schritte sind still. Ihre Spuren sind deutlich. Menschen spüren mitten in unserer Dorfwelt, inmitten unserer kirchengemeindlichen Welt etwas von seinem Himmelreich. Denn du predigst nicht allein durch das, was du sagst. Sondern durch das, was du tust. Was du in seinem Namen tust.
Amen.

12. Weinfest - „Du schenkest mir voll ein" (*Ps. 23, 5)*

Liebe Gemeinde.
„Du schenkest mir voll ein". Das klingt erfreulich, verlockend und macht neugierig. Was mag sich dahinter verbergen? Angefangen hat es so:
Das hätte er sich nie träumen lassen. Ausgerechnet er, ein einfacher Hirtenjunge wird König. Das war wie im Märchen. Es gibt in unserer Welt tatsächlich noch Wunderbares. Meistens wird ja von dem gesprochen, was in der Welt schlimm und schrecklich ist. Leider gibt es davon auch viel zu viel. *„Ein Hirte wird König",* was für eine Schlagzeile. – Wie es dazu kam? Ist Gott womöglich doch mehr am Werk als äußerlich und vordergründig wahrgenommen wird? Ihm kam es jedenfalls so vor. Er dachte daran, wie er früher die Schafe seines Vaters bei Bethlehem gehütet hatte. Hüten – allein schon das ist ein wundervolles

Wort. Er hatte die Schafe geführt und geleitet. Er war auf der Hut, brachte sie zu Weideplätzen und Wasserstellen und wenn nötig, verteidigte er sie – Warum sollte nicht auch Gott wie ein fürsorglicher, begleitender Hirte sein? *„Der Herr ist mein Hirte"*. Genauso kann Gott erlebt werden.

Jetzt war er der ehemalige Hirte König geworden. Gott hatte sich dabei etwas gedacht. Wer König ist, muss wie ein Hirte handeln. Eben fürsorglich und verantwortungsvoll, leitungsstark und entscheidungskompetent. Er muss das Wohlergehen seiner Menschen ständig im Blick und im Herzen haben. Er muss die Menschen lieb haben wie ein Hirte seine Schafe.

Der einstige Hirte David war König geworden. In den Jahren hatte sich eine kleine Angewohnheit herausgebildet. Nach dem Essen blieb er so manches Mal noch etwas sitzen. Er war ganz gerne für einige Momente allein. Er mochte die Stille und Ruhe. Niemand störte ihn. Gedankenversunken griff er an diesem Mittag nach dem Becher, der vor ihm auf dem Tisch stand. Er spielte ein bisschen damit. Der Becher war leer. Auf einmal war das sein Thema: *LEERE und FÜLLE.* Vorhin bei Tisch, auch sonst oder bei den Festen war der Becher stets gefüllt. Es wurde ihm eingegossen. Ab und zu tat er es auch mal selbst. Er kannte das *LEERE und FÜLLE.* Er horchte in sich hinein. Wer sich in die Verantwortung begibt, kann leer werden, kann an den Rand seiner Kräfte kommen und sich wie ausgehöhlt fühlen. Er war König, aber auch Ehemann und Familienvater. So eine Leere kann überall entstehen, in der Familie ebenso wie im Beruf oder in der Schule. Er dachte an seine Söhne, die sich gar nicht so richtig verstanden. Vor allem um Absalom war er besorgt. Der war wie ein Rebell. Manches reimt sich einfach nicht, weder in der Politik noch in der Familie, weder im Land noch in der weiten Welt. Das raubt einem Kräfte. Er war König und hatte doch so manch dunklen Fleck auf seiner Weste. Er wurde kritisiert. - Er blickte in den Becher: Leer. – Nein, fast hätte er es laut gesagt. Hatte er nicht Vergebung empfangen? War da nicht die neue Chance. War da nicht der Mut, seinen Weg fortzusetzen? Das hatte er sich nicht selbst gegeben. Das geht gar nicht. Menschen können sich dort, wo sie Leere erleben höchstens zu beruhigen versuchen. Er kannte solche Verallgemeinerungen, ach, mach dir nichts draus, das tun doch viele. Du darfst nicht so grüblerisch sein und dir nicht so viele Gedanken machen. *Er hatte Gottesfülle erfahren.* In ihn war Gottesfülle gegossen worden wie Wein in einen Becher gegossen wird. Gottesfülle schmeckt wie ein Schluck besten Weines. Das war ihm widerfahren: *„Du, Gott, schenkest mir voll ein."*

Überhaupt, Gott schenkt einem reinen Wein ein. Er lässt einen nicht im Unklaren. Die Wahrheit Gottes kann da und dort etwas schmerzen, doch sie heilt. (Nathan hatte ihm schon manch deutliches Wort im Auftrag Gottes gesagt).Letzen Endes ist es immer wieder seine

Liebe, die siegt. Manchmal macht einen das fast ein bisschen beschämt, etwas verlegen. Doch nichts geht einem so durch und durch wie Gottes Liebe. Es stimmt: *„Du schenkest mir voll ein."*

David musste auf einmal lächeln. Kürzlich, fiel ihm ein, da war doch beim Eingießen etwas passiert. Vielleicht war es ein unaufmerksamer Moment oder er hatte einfach nicht aufgepasst. Jedenfalls war der Becher bereits voll. Er übersah es. Der Wein floss über und verbreitete sich auf dem Tisch. *Überfluss.* Du lebst vom Überfluss Gottes. Gott fließt förmlich über vor lauter Freude am Leben, vor lauter Bestreben, dem Leben sein Gelingen einzuhauchen. Gott fließt über, damit in seiner Schöpfung miteinander und nicht gegeneinander gelebt werden kann. Die Welt und alles Leben belegt doch am besten Gottes Überfluss. Wenn wir es doch schaffen würden, den Überfluss Gottes besser zu verteilen, gerechter. Nicht einmal er als König wurde dem gerecht. Doch Gott wird nicht müde, an seine Gerechtigkeit zu erinnern. Das ist wahrer Überfluss. Nicht aufgeben. Gott gibt nicht auf. Ein Hirte kann seine Schafe nicht im Stich lassen. Gott kann seine Menschen, seine Geschöpfe, seine Ebenbilder nicht vergessen.

Er hatte den Becher noch immer in der Hand. Fülle, erfülltes Leben, das wünschen sich doch alle Menschen. Vielleicht, kam ihm in den Sinn, sind wir Menschen manches Mal zu voll. Nein, nicht wegen eines Übermaßes an Wein. Übervoll mit Sorgen, überfüllt mit Eindrücken, die auf uns einstürmen und einen besetzen. Überfüllt mit Arbeit. Überfüllt mit tausenderlei Dingen, die wir für wichtig, für erstrebenswert, für nötig ansehen. Vollgestopft mit Ängsten, bloß nichts verpassen. – Und dann ? Dann ist gar kein Platz mehr für Gott. Dann kann nichts mehr von Gott aufgenommen werden. Leer werden, damit Offenheit für Gott entsteht. Leer werden, damit die Gottesfülle in einen einkehren kann. *„Du schenkest mir voll ein".* Gott will ja nichts anderes, als dass wir Lebensfülle erlangen. Sie uns schenken lassen. Zu viel menschliche Fülle hat sich schon oft als leer und nichtig erwiesen. Enttäuschungen blieben nicht aus. Leere kann hilfreich sein, damit Gott in einem ankommen kann. Damit seine Gedanken, seine Worte einen erfüllen.

David wusste nichts davon, dass Jahrhunderte später einer in der Welt ist, der überzeugend und nachhaltig bezeugt, Gott ist Hirte. Gottes Überfluss ist grenzenlos. Er lebt und sagt: ***„Ich bin der gute Hirte"*** (Joh. 10, 11). Und dann: ***„Ich bin gekommen, damit sie das Leben und volle Genüge haben sollen"*** (Joh. 10, 10). Volle Genüge. Also wieder und noch einmal Gottesfülle, Überfluss. Das gibt es also nach wie vor: *„Du schenkest mir voll ein."* Das geht weiter und weiter und weiter... Schließlich schöpfen alle aus der Unerschöpflichkeit Gottes.

Amen.

MIX
Papier aus verantwortungsvollen Quellen
Paper from responsible sources
FSC® C105338

Printed by Books on Demand GmbH, Norderstedt / Germany